人工智慧技術進步對勞動就業的影響研究

沈紅兵 著

Research on the impact of artificial intelligence on labour&employment

財經錢線

摘要

　　人工智能熱潮的到來引發大量文獻研究人工智能對經濟增長、勞動力就業和收入不平等的影響。本研究基於人工智能的內涵和技術與產業發展，就人工智能的經濟社會影響進行較為系統的梳理和回顧，著重分析人工智能對生產率和經濟增長的促進作用、人工智能對勞動力就業總量與結構的影響效果，以及人工智能是否會引發收入不平等加劇等問題。研究發現：①人工智能作為新的生產要素參與生產過程，對宏觀經濟中的三目標，即經濟增長、勞動就業、收入分配同時帶來影響，形成人工智能技術進步下的勞動市場均衡，預測人工智能將使中國2035年的GDP增長率提升1.6個百分點，年增長水準接近8%；②考慮人工智能生產要素影響CES生產函數模型，能驗證技術進步與就業替代彈性，人工智能對勞動就業同時具有擴張與擠出效應，就業擴張效應大於擠出效應，就業總量與就業結構發生變化，預計到2025年，中國勞動力市場增加3,000萬個工作崗位，就業結構發生差異化變動；③人工智能有偏技術進步特徵對資本或勞動要素分配帶來不同勞動力、分階段、地區間的收入不平等；④在世界人工智能產業的中美雙寡頭市場結構中，全球視野下的前瞻性公共政策對人工智能技術進步下「經濟增長–勞動就業–收入增長」的三目標實現平衡，能最終達到社會總福利提升的帕累托改進目標，具有重要價值和意義。

關鍵詞：人工智能　經濟增長　勞動就業　收入分配

目 錄
Contents

1 導論 / 1
  1.1 選題的背景與研究意義 / 1
    1.1.1 選題的背景 / 1
    1.1.2 研究的意義 / 2
  1.2 研究內容、方法、思路和結構 / 3
    1.2.1 研究內容 / 3
    1.2.2 研究方法 / 4
    1.2.3 研究思路和結構 / 5
  1.3 創新之處 / 6
    1.3.1 學術思想特色與創新 / 6
    1.3.2 學術觀點特色與創新 / 6
    1.3.3 研究方法特色與創新 / 7

2 文獻綜述 / 8
  2.1 國外研究的學術史梳理及研究動態 / 8
  2.2 國內研究的學術史梳理與研究動態分析 / 11
  2.3 國內外相關學術史和研究動態的述評 / 12

3 人工智能技術進步與產業發展及趨勢 / 14
  3.1 人類技術進步歷程 / 14
    3.1.1 人類歷史上的八次技術進步 / 14
    3.1.2 人類四次工業革命 / 16
    3.1.3 機械化、自動化與人工智能技術進步 / 21
  3.2 人工智能概述 / 23

3.2.1　人工智能的起源及歷史　/ 24

　　　3.2.2　人工智能的概念　/ 26

　　　3.2.3　人工智能的分類　/ 27

　　　3.2.4　人工智能的特徵　/ 28

　3.3　人工智能發展現狀及趨勢　/ 29

　　　3.3.1　人工智能關鍵技術　/ 29

　　　3.3.2　人工智能技術發展趨勢　/ 39

　　　3.3.3　人工智能產業生態　/ 39

　　　3.3.4　人工智能行業應用領域　/ 40

　　　3.3.5　人工智能產業應用特徵　/ 44

　3.4　人工智能技術進步帶來的社會問題　/ 45

　　　3.4.1　人工智能的安全問題　/ 45

　　　3.4.2　人工智能的倫理問題　/ 46

　　　3.4.3　人工智能的隱私問題　/ 47

　3.5　中美人工智能技術與產業發展比較　/ 48

　　　3.5.1　全球人工智能產業結構　/ 49

　　　3.5.2　中美人工智能博弈　/ 49

4　人工智能技術進步對經濟增長的影響　/ 58

　4.1　研究對象和概念界定　/ 58

　　　4.1.1　技術　/ 58

　　　4.1.2　技術進步　/ 59

　　　4.1.3　人工智能技術賦能　/ 60

　4.2　經濟增長的驅動因素理論　/ 60

　　　4.2.1　技術進步驅動經濟增長的方法論綜述　/ 61

　　　4.2.2　人工智能下的勞動力市場均衡　/ 62

　　　4.2.3　考慮人工智能生產要素對CES生產函數模型的擴展及應用　/ 66

　4.3　人工智能的經濟增長效應　/ 68

4.3.1　人工智能作為新生產要素驅動的增長　/ 68
　　4.3.2　人工智能對全球經濟影響的預測　/ 70
　　4.3.3　人工智能推動中國GDP增長的預測　/ 70
　　4.3.4　人工智能驅動經濟增長的內涵　/ 71

5　技術進步對勞動就業影響的理論研究　/ 74
　5.1　研究對象和概念界定　/ 74
　　5.1.1　就業與失業　/ 74
　　5.1.2　幾個相關概念　/ 75
　5.2　技術進步與就業理論　/ 76
　　5.2.1　勞動力需求　/ 76
　　5.2.2　製造業要素成本變化及投入選擇　/ 79
　　5.2.3　不同技術條件下的勞動替代規模　/ 80

6　人工智能技術進步對勞動就業的影響　/ 83
　6.1　人工智能技術進步對就業總量的影響　/ 83
　　6.1.1　人工智能技術進步對就業的擴張效應　/ 83
　　6.1.2　人工智能技術進步對就業的排擠效應　/ 86
　　6.1.3　人工智能技術進步對勞動就業總量的影響估算　/ 87
　6.2　人工智能技術進步對就業結構的影響　/ 89
　　6.2.1　人工智能技術帶來就業崗位極化與無就業復甦效應並存　/ 89
　　6.2.2　低技術工種和重複性勞動會被人工智能所替代　/ 89
　　6.2.3　體力勞動者日益減少，腦力勞動者日趨增加　/ 92
　　6.2.4　女性就業數量增加　/ 94
　　6.2.5　人機協作的「半人馬」工作模式　/ 96
　　6.2.6　人類工作性質和內容發生巨大變化　/ 96
　　6.2.7　人工智能技術進步對國際就業市場的影響具有較大差異　/ 97
　6.3　人工智能偏向型技術進步對中國就業替代率的測算　/ 98

3

        6.3.1 中國勞動替代潛在規模 / 98
        6.3.2 影響中國勞動替代的原因 / 99
    6.4 人工智能技術進步對中國電子商務就業影響的實證研究 / 100
        6.4.1 研究所使用的方法 / 100
        6.4.2 數據來源 / 102
        6.4.3 人工智能應用對電商崗位就業、收入及商家業務的影響
             數據分析 / 105
    6.5 人工智能技術進步對就業影響的機理 / 109
        6.5.1 人工智能技術進步對就業總量的影響機理 / 109
        6.5.2 人工智能技術進步對就業結構的影響機理與路徑 / 112
        6.5.3 不同類型人工智能技術進步對就業的動態作用路徑 / 115

7 人工智能技術進步對收入分配的影響 / 119
    7.1 人工智能技術進步對不同要素分配和勞動收入的影響效應 / 119
        7.1.1 人工智能對資本和勞動力收入份額的影響 / 119
        7.1.2 人工智能對不同勞動力收入不平等的影響 / 120
        7.1.3 人工智能對收入不平等的異質性影響 / 122
    7.2 人工智能有偏技術進步對收入分配的影響機理 / 123
        7.2.1 技術進步偏向性特徵 / 124
        7.2.2 技術進步技能或非技能偏向性特徵 / 126
        7.2.3 技術進步資本偏向性趨勢及其收入分配效應 / 128
        7.2.4 技術進步技能偏向性趨勢及其技能溢價效應 / 130

8 應對人工智能技術進步對勞動就業影響的政策建議 / 133
    8.1 西方發達國家應對新技術就業影響的對策 / 133
        8.1.1 增加對人力資源的投資，加強技術培訓工作 / 133
        8.1.2 改善勞資關係，增強勞資和解與合作 / 134
        8.1.3 勞工市場的靈活性與非管制化 / 135
        8.1.4 將勞動就業的主導方向從生產領域轉移到服務領域 / 136
        8.1.5 新興行業是最有力的勞動就業吸收器 / 137

  8.1.6 扶植和發展中小企業是保持合理的就業結構的必要條件　/ 138

 8.2 應對人工智能技術進步對勞動就業負面影響的對策建議　/ 140

  8.2.1 正面科普宣傳引導社會公眾對人工智能的認知，消除人工智能技術「恐慌」　/ 140

  8.2.2 充分重視和運用公共政策在人工智能技術進步的重要作用　/ 142

  8.2.3 立法規範招聘網站或網站面向就業、崗位設置、入職條件、職位描述等的算法歧視　/ 153

  8.2.4 重新定義人工智能時代的職業與工作倫理　/ 154

  8.2.5 人才教育和職業培訓的政策建議　/ 154

結論與展望　/ 158

參考文獻　/ 161

1
導論

1.1 選題的背景與研究意義

1.1.1 選題的背景

「推動互聯網、大數據、人工智能和實體經濟深度融合」
「就業是最大的民生。要堅持就業優先戰略和積極就業政策,實現更高質量和更充分就業 」。要「堅持在經濟增長的同時實現居民收入同步增長、在勞動生產率提高的同時實現勞動報酬同步提高 」。
技術是增長之源,就業是民生之本,實現經濟增長和充分就業都是國家宏觀經濟政策的重中之重。技術進步在促進就業增長的同時,也會對充分就業產生負面影響,導致宏觀政策在權衡之間的「兩難」。近年來,人工智能和機器人應用加速,引發人們對「機器換人」的擔憂。人工智能對人類工作的「替換」,既有對體力勞動的替代,也有對腦力勞動的替代。新一輪的「機器換人」,極有可能從「藍領」拓展到「白領」。人工智能正從多個層面,以多種形式對就業總量和就業結構產生重大影響。人工智能到底是就業「殺手」還是「助手」,人工智能是否會造成大規模技術性失業和結構性失業,如何既發展人工智能技術,又使得在中國這樣一個人口大國實現充分就業和勞動生產率與勞動報酬同步增長,這些都是學術界和社會各界關注和討論的熱點話題。

1.1.2 研究的意義

1. 理論價值

技術進步對經濟的影響一直是經濟學家重點關注的問題之一。歷史上，每一次重大的工業技術進步，都伴隨著生產率的大幅度提高。最近，隨著人工智能的發展，有關人工智能對經濟的影響引發了學術界新的關注。根據人工智能技術進步對經濟或生產力增長、就業、收入分配的影響，研究人工智能推動下技術、知識、勞動力「三要素」的替代關係與彈性變化，構建人工智能成本函數和勞動力成本函數模型，通過對模型的各個變量進行分析和解釋，搭建起人工智能替代勞動力的函數模型，從而瞭解、掌握人工智能技術進步對宏觀經濟增長、勞動生產率提高、就業總量與結構變化及收入分配變化的影響，探究人工智能影響就業總量和結構及其收入分配的機理與傳導路徑。

2. 應用價值

關於對人工智能的研究，從 20 世紀四五十年代開始興起，約翰·麥卡錫等人組織的達特茅斯會議被認為是開創了人工智能（Artificial Intelligence, AI）這個研究領域的歷史性事件（Moor, 2006），並首次正式提出人工智能術語。根據麥卡錫的定義，人工智能是製造智能機器，尤其是智能計算機程式的科學工程。近年來，隨著大數據的高速發展、硬體和演算法的進步，人工智能迎來了發展的新高潮。世界主要國家都在大力發展人工智能，中國也將人工智能視為經濟發展的新引擎。2017 年 7 月 20 日，國務院發布《新一代人工智能發展規劃》，提出到 2030 年，人工智能產業競爭力要達到世界領先水準。強調推動互聯網大數據人工智能和實體經濟深度融合。可以預見，人工智能在未來一段時間將發展更為迅速，會引發科技方面的重大變革，並對經濟和人類社會帶來更為廣泛和深刻的影響。

研究人工智能對勞動就業總量與結構的影響能使我們更好地理解人工智能發展的積極和消極效應，從而設計出合理的產業政策、勞動就業政策、職業培訓、收入分配及社會福利等公共政策，以應對其可能帶來的風險和挑戰。

1.2 研究內容、方法、思路和結構

1.2.1 研究內容

1. 人工智能對勞動生產率和經濟增長的影響

運用新古典經濟 DEA 和 VAR 模型以及基於任務（Agent）的方法，分析人工智能對經濟增長的影響，模型研究發現人工智能的發展可以通過使用更便宜的資本，補充或者替代勞動力，從而引起生產率的提升和經濟的快速增長。同時，在 Zeira（1998）基於任務（Agent）的模型的基礎上引入自動化技術並假設任務個數為內生。使用該模型提出一個統一的框架，在此框架中，以前由勞動力完成的任務可以被自動化，同時勞動力具有比較優勢的新任務可以被創造。通過研究，自動化同時具有替代效應和生產力效應，替代效應本身會降低勞動力需求，而生產力效應則通過使用更便宜的資本替代勞動從而提高生產力，並提高對尚未自動化任務中勞動力的需求。

2. 人工智能對勞動力就業的影響

技術進步對就業同時具有負向的抑制效應和正向的創造效應（Howitt，1994）。技術進步提高了勞動生產率，並會替代部分勞動，從而減少就業。①工作崗位被自動化的風險研究。隨著計算機價格不斷降低，計算機不斷取代常規工作，很多工作實現了自動化。目前，人工智能的創新仍在不斷加快，自動化的崗位也不再局限於常規任務，更多的工作崗位可能會被自動化。②人工智能對就業的均衡影響。計算機或者自動化主要通過兩個渠道影響勞動力市場：一是補充作用，計算機可以補充人力勞動，提高某些類型技能的生產力；二是替代作用，計算機會替代以前由勞動力完成的工作。通過此假設，並進一步假設勞動供給富有彈性，通過基於任務的模型研究發現，自動化雖然會降低傳統任務的就業，但是新任務的創造會增加就業。③人工智能對勞動力就業結構的影響。人工智能和自動化帶來就業極化效應，即人工智能對中間技能人員的替代最為嚴重，與此同時，高技能行業及低技能的服務業的就業崗位有所增加。通過實證分析就業極化現象在中國勞動力市場的產生及其影響，並據此提出一個可區分任務複雜度和培訓需求度的模型。

3. 人工智能對收入不平等的影響

現實社會中，資本的分布比勞動力分布更加不均，多數資本往往集中於少部分人手中，人工智能發展會促進生產過程中資本要素的份額提升，資本報酬增加，從而加劇收入不平等。如果人工智能促使一部分勞動力變得多餘，那麼未來主要的經濟問題將不是稀缺而是分配。①人工智能對資本和勞動力收入份額的影響。運用兩階段世代交疊模型（OLU），在模型中引入高技術工人和低技術工人，並假設高技術工人在分析任務中具有比較優勢，低技術工人在人際交往任務中有比較優勢。研究證明，機器人生產率的提高會使擁有資本的當代人受益，無形資產在國民收入中的份額會隨時間上升，勞動所占份額最終會下降，同時工資也會下降，從而使後代貧困。②人工智能對不同勞動力收入產生不同的影響。運用內生經濟增長模型（The Theory of Endogenous Growth），將自動化資本作為一個生產要素引入模型，並假設低技能工人比高技能工人更容易被自動化，分析了自動化對低技能工人和高技能工人工資的影響。研究發現，自動化降低了低技能工人的實際工資，從而提高了技能溢價，加劇了收入不平等。

4. 結論與啟示

人工智能會促進生產率的提升，拉動經濟增長，但同時也會帶來中低技術工人失業、收入不平等加劇等負面影響。如果不能找到創造共同繁榮的方法，出於政治原因，人工智能技術的採納和發展可能會減慢甚至中止（Acemoglu & Restrepo，2018）。儘管市場機制缺陷可能導致轉型期社會福利惡化，但是如果有合理的政策工具（如稅收和轉移支付等），科學技術的創新將對人們獲得更合理的收入和資源分配具有促進作用，從而促進帕累托改善。應發揮宏觀經濟及公共福利政策的作用，從而緩解人工智能對勞動力市場可能帶來的負面影響，保證總體社會福利不受損失。從過去來看，技術革命帶來的轉變給了人類足夠的時間去適應，並平衡勞動供給和需求，但人工智能所帶來的改變明顯比之前更迅速，規模也更大。因此，制定合理的公共政策應對人工智能給勞動力市場造成的影響顯得更加重要。

1.2.2 研究方法

1. 文獻資料研究與實地研究相結合

廣泛收集中外文獻資料，採取統計分析、問卷調查等方法，對中國長江上游典型樣本區進行實地調研，通過運用網絡資料探勘、智能搜索、數據建模等先進互聯網技術，獲得人工智能技術進步與就業的真實數據。

2. 多學科綜合研究與系統分析研究相結合

綜合運用經濟學、管理學、統計學、電子商務等相關基礎理論，運用網絡分析法分析研究人工智能技術進步對就業總量和結構的影響效應與傳導機理，以避免研究的孤立性和研究視角單一。

3. 案例研究與比較研究相結合

對國內外典型案例進行剖析比較，為人工智能技術進步對就業總量和結構的影響研究提供借鑑。

4. 動態歷史分析與靜態截面數據分析相結合

利用動態歷史分析法中的省際面板數據測度2010—2017年人工智能技術進步對就業總量和結構的影響現狀；從靜態的角度分析具有代表性的截面數據，運用VAR相關分析來檢驗空間關聯矩陣與其他影響因素的相關關係，刻畫各階段和各區域之間人工智能技術進步對就業總量和結構的影響。

5. 定量研究

基於人工智能技術進步對就業總量和結構的影響的VAR相關分析，檢驗經濟增長中技術與勞動要素的相對變化關係與其他影響因素的相關關係，刻畫人工智能技術進步下各生產要素時間與空間關聯及其變動關係。

1.2.3　研究思路和結構

本研究包含四個主要內容：首先，在第一部分中對當前中國乃至世界的人工智能技術進步與產業發展和就業形勢進行概述，突出經濟增長與充分就業的重要意義。其次，對技術進步和就業若干概念給出了界定，並以前人文獻和研究成果、觀點為基礎，對技術進步影響就業進行理論綜述和文獻綜述，為後文的機制分析和實證分析奠定理論基礎和提供依據。再次，在第三部分中運用理論和實證來分析問題。最後在前面分析的結果的基礎上提出政策建議。本研究總體框架如圖1-1所示。

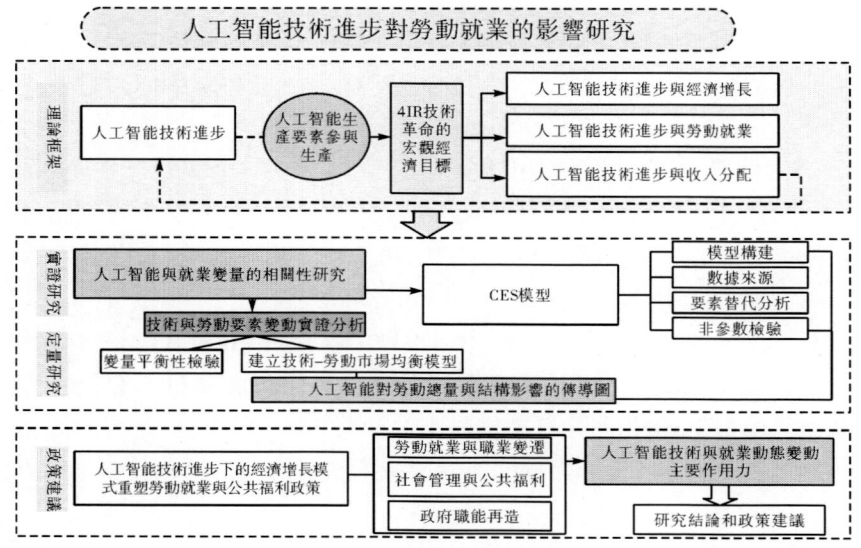

圖 1-1　本研究總體框架圖

1.3　創新之處

1.3.1　學術思想特色與創新

技術革命是技術進步最為集中和激烈的表現，是對原有技術的質的改變，往往會引發經濟社會變革，對就業產生重要影響。人類歷史上發生的三次技術革命，引發了以機械化、電氣化、資訊化為主要特徵的產業變革，每次都因失業率高攀而引起「機器替代人」的爭論。三次技術革命為我們研究技術進步對不同階段、不同行業、不同人群就業產生的影響提供了難得的史料。

1.3.2　學術觀點特色與創新

通過分析人工智能技術進步下經濟或生產力增長、就業、收入分配的影響，研究人工智能推動下技術、知識、勞動力「三要素」的替代關係與彈性變化，構建人工智能成本函數和勞動力成本函數模型，通過對模型的各個變量進行分析和解釋，搭建起人工智能替代勞動力的函數模型，從而

瞭解、掌握人工智能技術進步對宏觀經濟增長、勞動生產率提高、就業總量與結構變化及收入分配變化的影響。

1.3.3 研究方法特色與創新

通過CES生產函數模型測度人工智能技術進步與經濟增長和勞動就業的關聯關係，刻畫出人工智能對就業總量與結構影響的傳導機制，通過有偏技術進步特徵分析，進行人工智能偏向型技術進步對中國就業替代率的測算，揭示人工智能技術進步的就業擴張與擠出效應對就業總量和就業結構的影響。

2
文獻綜述

2.1 國外研究的學術史梳理及研究動態

1. 技術與勞動力要素均衡與替代效應研究

技術與勞動力是兩大生產要素，早在19世紀80年代，新古典學派的經濟學家已經發現了要素替代現象並開始研究，形成了要素替代理論的基本規範。其中，Leon Walras（1874）提出了一般均衡理論，認為在完全競爭的市場條件下，若資源總量既定，效用函數和生產函數存在，則肯定存在一組產品價格與要素價格，通過價格傳導機制使要素市場的供需達到均衡。James Stewart 於18世紀末就提出，要想解決由機器引起的失業是一件困難的事。亞當·斯密將勞動分工和機器發明相結合強調以此來節約勞動力。大衛·李嘉圖則認為經濟的發展可以補償就業帶來的負效應，而馬克思準確批判了這種「補償論」，他通過深入分析資本主義企業技術革新引起的勞動力失業而洞察了資本主義結構，且斷定資本累積對勞動力的需求增速慢於技術變遷替代勞動力的增速。馬克思認為，資本家的最終目的是追求超額剩餘價值，而追求超額剩餘價值勢必要採用機器等新技術來提高生產效率，由此便產生技術排擠勞動力的現象。Hicks（1932）闡明了資本/勞動替代彈性規律，即投入的資本要素和勞動要素比值的變化率與該兩種生產要素之間相對價格變化率的比值，若此比值大於1，那麼資本要素和勞動要素之間是相互替代的關係，若小於1，則兩者之間是互補的關係。De La Grandville（1989）假說的核心思想是經濟增長率和替代彈性呈正相關，總體而言，若一個國家處於快速發展期，則該國家的替代彈性一般比1大，而那些近乎平穩增長的國家得到的替代彈性一般比1小。Eriksson（1997）在

對經濟增長、勞動生產率的提高以及就業的增長三者之間的關係進行研究時，發現它們之間有著較為明顯的替代關係。

2. 技術進步與就業總量增長相關性研究

影響就業的因素諸多，其中技術進步被認為是影響就業的重要因素之一。梭羅（Solow，1957）首次將技術進步因素納入經濟增長模型。之後，技術進步對就業的影響成為學界關注的熱點問題之一，並形成收縮效應派與擴張效應派兩派不同的觀點。收縮效應派以美國學者 Gal 為代表。Gal（1999）認為技術進步對就業具有收縮效應。技術進步導致生產要素使用效率提高；在技術進步表現為勞動節約型技術進步時，存在工資黏性的情況下的勞動的投入必然減少。他針對美國經濟研究發現：在一個價格黏性的模型中，長期技術進步與勞動生產率呈負相關關係；在短期呈正相關關係。即長期技術進步對就業的效應是收縮性的。Alexius 和 Carlsson（2007）設置了四種不同的模型，運用 Gal（1999）類似的方法分析，結果均顯示在美國工業中技術進步與就業呈顯著的負相關關係。在假設不存在價格黏性的顯著的收縮效應情況下，Fove 和 Patrick（2004）利用 Joneses 效用模型分析發現，技術衝擊將對就業產生一個持久的、顯著的收縮效應。擴張效應派以美國學者 Base 和 Femakl 為代表。新產品、新工藝、新業態的創新可以開拓新的行業和領域，創造新的就業崗位，促進就業量的增加。另一方面，技術進步使得經濟增長加速，促進需求、生產和就業的增加。Base 和 Femakl 等（2004）利用 VAR（Vector Autoregression，向量自迴歸）模型研究技術進步對美國的就業效應，發現在短期內，技術進步對就業是收縮效應，而長期來說，技術進步卻增加了工作時間。Chang 和 Hong（2003）根據對 1958—1996 年美國 458 家四位碼製造業數據，運用 VAR 模型分析發現，技術進步明顯使工作時間增多的行業數比工作時間減少的行業數多，即在總的製造業中技術進步導致工作時間增加。

3. 人工智能對就業結構影響的研究

儘管人工智能對就業的總體效應尚不明確，但無可爭議的是，人工智能對不同行業或者技能的工人的影響是不同的。很多學者強調需要警惕人工智能和自動化帶來的「就業極化現象」。就業極化即人工智能或者計算機化對中間技能人員的替代最為廣泛，高技能行業及低技能的服務業的就業崗位有所增加。大量證據證實，就業極化現象在很多國家的勞動力市場已經出現（Uooset, et al., 2009；Michaels, 2014；Autor, 2015；Uraetz & Michaels, 2015）。早期的 C. Eduist 和 S. Jacobsson（1987）通過對經濟合作與發展組織國家從 20 世紀 70 年代中期直到 1985 年工業機器人的應用和擴散

模式的研究，發現工業機器人在搬運、加工和組裝三方面的應用已經增長迅速。從短期來看，大多數企業進行機器人投資的最主要原因是為了降低不熟練和半熟練勞動力的成本；而從長遠來看，機器人的投資更應該被視為是全面實現自動化進程的一部分。有關就業極化現象產生的原因，Autor等（2003）進行了研究並給出解釋。他們指出了兩大類難以被計算機化的任務，一類是抽象任務，通常為專業、技術或者管理職位，需要問題解決能力、直覺、創造力以及說服能力；另一類是手工任務，通常為服務和勞工性工作，需要環境適應性、視覺或者語言識別以及互動的能力。由於這兩類工作一般分布在崗位技能的兩端，因此產生了就業極化現象。Feng和Uraetz（2015）從理論上解釋了歷史上及近些年勞動替代技術（如電腦、電動機、蒸汽機）的發展如何導致工作兩極化，提出了一個可以區分任務複雜度和培訓需求度的模型。研究發現，當自動化成本降低時，對於兩個複雜度相同的任務，由於培訓需求度更高的任務所需的勞動力也相應昂貴，企業會選擇自動化這部分任務；而高度複雜、培訓密集型的工作不易被自動化。這樣會造成勞動力流向高度複雜或者無須太多培訓的任務，從而解釋了就業極化現象的發生。Frey & Osborne（2013）首次根據O*NET數據庫，應用概率分類模型估計了美國702種職業將來被計算機替代的可能性。O*NET數據庫包含了每種職位關鍵特徵的描述，他們從中歸納出9個不易被自動化的技能特徵，包括幫助和照顧他人能力、說服能力、談判能力、社會洞察力、藝術能力、創造性、手工技藝、手指靈巧度以及在狹小的工作空間中工作的能力，並根據每種職業描述將目標職業在這9個特徵維度上受計算機化影響的程度分別進行量化，通過將職位被計算機化的風險按照大小分為高、中、低三類，結果發現美國47%的崗位存在被高度計算機化的風險。David（2017）運用類似的方法預測發現日本55%的職業將被計算機替代，在不同性別的勞動者中無顯著差異。Oschinski、Wvonch（2017）對加拿大勞動力市場進行研究，他們對Frey、Osborne（2013）的工作進行了拓展。隨著自動化的進步，人類在諸如手工技藝、手指靈巧度以及在狹小的空間中的工作能力等方面的技能不再具有嚴格的優勢，因此不易使計算機化的技能特徵列表被更新。

2.2 國內研究的學術史梳理與研究動態分析

1. 技術與勞動力要素均衡與替代效應研究

李紅松（2010）認為資本和勞動兩要素相對價格的變化決定了資本要素對勞動要素的替代程度，資本對勞動的替代是一個國家工業化進程中的必經之路。他對資本和勞動要素相互替代關係的特點進行分析，認為同時採取有效的手段改善要素市場，並大力發展替代彈性比較小的相關產業等，可在一定程度上減少資本要素對勞動力要素的過度替代，同時也能夠有效提高就業率。孫巍和楊帥（2011）通過建立面板數據模型，根據各行業市場競爭狀況和技術進步特徵，發現科技的迅速發展所導致的技術對勞動力的替代，能夠極大地緩解勞動力成本上升的壓力，同時也能夠在某種程度上緩解部分地區出現的「用工荒」等問題，從長遠看來，科技的發展和創新的確能夠有效地促進中國產業從粗放型經濟增長向集約型經濟增長轉型升級。曲道奎（2012）認為，在國內用工短缺、勞動力成本上升、國外製造業回歸和新工業革命的多重夾擊下，中國製造業進行轉型升級迫在眉睫，而轉型升級的本質就是徹底改變製造模式，發展以機器人技術為核心的智能創造，這是中國目前唯一的出路。

2. 技術進步與就業總量增長相關性研究

與國外的學者一樣，國內學者對於技術進步與就業總量的關係的觀點也分為兩派。一派是以彭緒庶和齊建國（2002）為代表的悲觀派。他們對美國1947—1998年的數據進行研究，發現技術與經濟增長的邊際就業彈性之間確實存在著負相關關係，說明技術進步具有較強的勞動替代特徵。齊建國（2002）利用有關數據計算邊際就業彈性，發現技術進步已經導致中國的邊際就業彈性急遽下降，第二產業尤為明顯；1996年以來在經濟高速增長的情況下，就業壓力大的主要原因是廣義技術進步使邊際就業彈性下降。姚戰琪和夏杰長（2005）使用省際數據迴歸發現，技術進步造成了就業的減少。何靜慧（2005）選用1984—2002年浙江省的有關數據，實證分析了技術進步與就業、經濟增長之間的關係。她認為技術進步總是傾向於使邊際就業彈性下降，從而減少經濟增長對就業的需求。十多年來，技術進步的綜合作用使得浙江省的就業人數淨減248.62萬人。另一派是以丁仁船和楊軍昌（2002）為代表的樂觀派。他們通過計量分析，認為技術進步對中國勞動力總的影響是增加了就業。黃嘖琳（2006）運用可分勞動RBC

模型，選用1978—2002年經過平滑處理後的就業人數，進行相關計量分析後得出技術進步是經濟波動的主要原因，但是技術進步對就業僅有較小的正向衝擊效應。姚先國和周禮等（2005）利用製造業企業的微觀數據，對中國企業技術進步的技能偏態性進行了計量檢驗，發現技術進步會引起對高技能勞動力需求的大量增加，同時固有的外延式的規模擴張又會帶來對低技能勞動力需求的不斷增加。蔣滿元（2007）通過對分產業和分行業就業彈性的分析，得出技術進步對就業有積極作用，但其影響是很緩慢的。崔友平（2007）進行理論分析認為，技術進步會導致社會分工的加深、就業領域的拓展，最終可以增加就業總量。

3. 技術進步對就業結構的影響研究

沈於、朱少非（2014）運用兩商品模型，發現充裕的勞動力供給維持了勞動力價格的國際競爭力，雖然短期內推動了經濟快速增長，但也束縛了密集型製造業的升級，一旦劉易斯拐點形成，大量低端的勞動密集型製造業將會被淘汰。龔玉泉和袁志剛（2002）認為，技術的創新與進步對就業的影響具有兩面性。一方面，通過革新勞動手段，技術的進步可以在增加資本有機構成的同時提高勞動生產率，減少企業對於勞動力的需求，並逐漸形成資本要素對勞動力要素的「替代效應」；另一方面，技術進步能夠在創新和開拓服務產業的同時創造出更多、更好的就業機會，這被認為是技術的進步給就業所帶來的「補償」。方建國和尹麗波（2012）分析了在中國的經濟發展進程中技術革新給工人就業帶來的效應，發現技術創新毀滅就業崗位的現象在勞動生產率的提升過程中的確存在於產業內部，但總體而言，技術革新尚未劇烈地影響到工人就業的總數量，僅僅當隨著技術革新規模的增加導致產業發生了結構性變動時，才會在短期內導致技術替代勞動力所帶來的失業現象。

2.3 國內外相關學術史和研究動態的述評

人工智能熱潮的到來引發大量文獻研究人工智能對勞動力就業、結構和收入不平等的影響。首先，通過運用新古典增長模型或者基於任務（Agent）的模型，一些文獻探討了人工智能對經濟增長的影響路徑，或者通過實證研究證明了人工智能對經濟增長的促進效用，但對人工智能是否會邁向「奇點」尚持不同觀點。其次，對於人工智能未來是否會引發失業，學者們通過豐富的理論模型和實證研究進行闡釋，指出人工智能在引起勞

動力替代的同時也會創造一些新的崗位，但並未就哪種效應占優達成統一意見，認為其可能依賴於不同的市場條件。另外，現有的大部分文獻認為自動化成本的降低會帶來短期收入不平等的加劇，主要通過降低勞動力收入份額和增加不同勞動力之間工資差距兩個渠道實現傳導。在此基礎上，眾多文獻表明，制定合理的公共政策對人工智能可能造成的工作崗位減少的風險有重要意義。針對人工智能可能引發的失業和收入不平等等負面效應，學者們提出可以採用加強勞動力的教育培訓、實行全民基本收入的政策和對機器人徵稅等措施來應對。

3 人工智能技術進步與產業發展及趨勢

3.1 人類技術進步歷程

3.1.1 人類歷史上的八次技術進步

第一次技術進步：火的發現和運用。

人類發現了「火」，並懂得生「火」和使用「火」並保存火。人類是「廚師的種族」，人類的崛起得益於火的使用，大腦的發育受益於烹飪技術。能夠使用「火」，人類獲得了遠遠超越於動物界的強大的力量。

第二次技術進步：語言的發明。

人類發明了「語言」，人類能夠征服地球，站上食物鏈的頂端，全靠閒聊「八卦」，語言最神奇的魅力就在於「想像」，人類完全可以靠想像建立一些根本不存在的事物，從而建立起協作關係。比如一堆石頭和貝殼可以換東西。比如傳說、神話、神、種族跟國家。人類文明的基礎，全是「空想」的結果。人從呱呱墜地，就生存在一些規則裡。

第三次技術進步：文字的發明。

人類在發明文字之前靠口口相傳傳授經驗和知識，人類發明可以書寫的文字突破了時間、空間的限制，極大地豐富了知識跟經驗的累積，文字的產生也派生出了更多藝術相關門類。文字的發明是人類社會脫離蒙昧進入文明的標誌。

第四次技術進步：各種工具的發明。

人類發明了各種工具，通過工具極大地增強了人類的力量，具體如下：

(1) 輪子大約發明在六千多年前，輪子最偉大的作用是人類可以運輸

大大超過自身重量的物體。沒有輪子的發明，金字塔跟古代大型建築的建造是根本不可想像的。

（2）釘子跟木榫等，沒有這些零件，人類的文明也將崩塌。

（3）指南針的發明及改進。沒有指南針的發明，長距離旅行跟航海是根本不可以想像的。指南針在航海上的應用對地理大發現和海上貿易有極大的促進作用。

（4）造紙術及印刷術。造紙術及印刷術的發明，極大地擴展了知識傳播的廣度，使人類開啓了智力躍升之窗。

第五次技術進步：蒸汽機的發明。

瓦特發明了蒸汽機，使人類擁有了轉換化石能量為人類財富最強大的武器。蒸汽機、煤、鐵和鋼是工業革命技術加速發展的四項主要因素。工業革命之後，人類第一次從絕對意義上擺脫了饑餓的威脅。

第六次技術進步：電的發現和運用。

電力的廣泛應用、內燃機和新交通工具的創製、新通訊手段的發明和化學工業的建立，是第二次工業革命的最重要的四項發明。人類進入電氣時代，生產力迅速提高，導致了生產關係的變革，比如全球化等一系列事情的產生，具體如下：

（1）電話的發明，大大加速了信息的傳遞。

（2）燈泡的發明，使人類的夜晚不再黑暗。

（3）「避孕技術」的發明與提高，使得「性」從生育變成了休閒，大大地解放了婦女的生產力。

第七次技術進步：互聯網的發明與進步。

第三次工業革命的標誌性事件是互聯網的發明、發展。互聯網為人類創造了一個新的世界——「虛擬世界」。互聯網真正和更加高速地將全人類聯繫在一起。第三次工業革命以原子能技術、航天技術和電子計算機技術為代表，還包括人工合成材料、分子生物學和遺傳工程等高新技術。

第八次技術進步：人工智能的發明和應用。

第四次工業革命的核心技術是人工智能。人工智能是對人的意識、思維的信息過程的模擬。人工智能不是人的智能，是能像人那樣思考，也可能超過人的智能。人工智能或許能使人類邁入一個新時代，讓人類獲得四大自由：時間自由、空間自由、財富自由、超速旅行自由。如圖 3-1 所示。

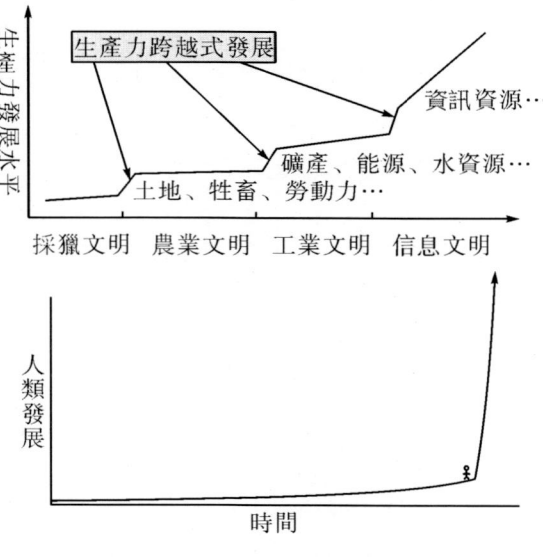

圖 3-1　人類進步的提速表

3.1.2　人類四次工業革命

1. 第一次工業革命（The First Industrial Revolution）：機械化（18 世紀 30 年代至 18 世紀末）

第一次科技革命以紡織機的改革為起點，以蒸汽機的發明與使用為標誌。第一次科技革命直接導致工業革命（產業革命），人類從此進入「工廠時代」「機器時代」「蒸汽時代」。

工業革命最大的特點是，「它表現在以機器代替人力，以大規模的工業生產代替個體工場手工生產，在生產力和生產關係方面均發生巨大的變革。它使人類歷史進入了一個全新的時期」。①「工廠時代的到來，使人類進入生產中真正的狂飆時期」。②

機器取代人力是產業革命的關鍵。正是一大批新機器的發明和運用，尤其是「騾機」紡紗機和蒸汽動力機的發明、製造與使用，使勞動生產率大幅度提高，使工業發展突飛猛進。首先發明機器的國家英國為此一躍成為世界頭號強國。

---

① 吳國盛. 科學的歷程 [M]. 2 版. 北京：北京師範大學出版社，2005.
② 王士舫，董自勵. 科學技術發展簡史 [M]. 北京：北京大學出版社，2005.

這次工業革命不僅是一次技術改革，更是一場深刻的社會變革。這場革命是以工作機的誕生開始的，以蒸汽機作為動力機被廣泛使用為標誌的。這一次技術革命和與之相關的社會關係的變革，被稱為第一次工業革命或者產業革命。從生產技術方面來說，工業革命使工廠制代替了手工工坊，用機器代替了手工勞動；從社會關係方面來說，工業革命使依附於落後生產方式的自耕農階級消失了，工業資產階級和工業無產階級形成並壯大起來。工業革命是一般政治革命不可比擬的巨大變革，其影響涉及人類社會生活的各個方面，使人類社會發生了巨大的變革，對推動人類的現代化進程起到了不可替代的作用。馬克思評價道：「蒸汽大王在前一世紀中，翻轉了整個世界。」如圖 3-2 所示。

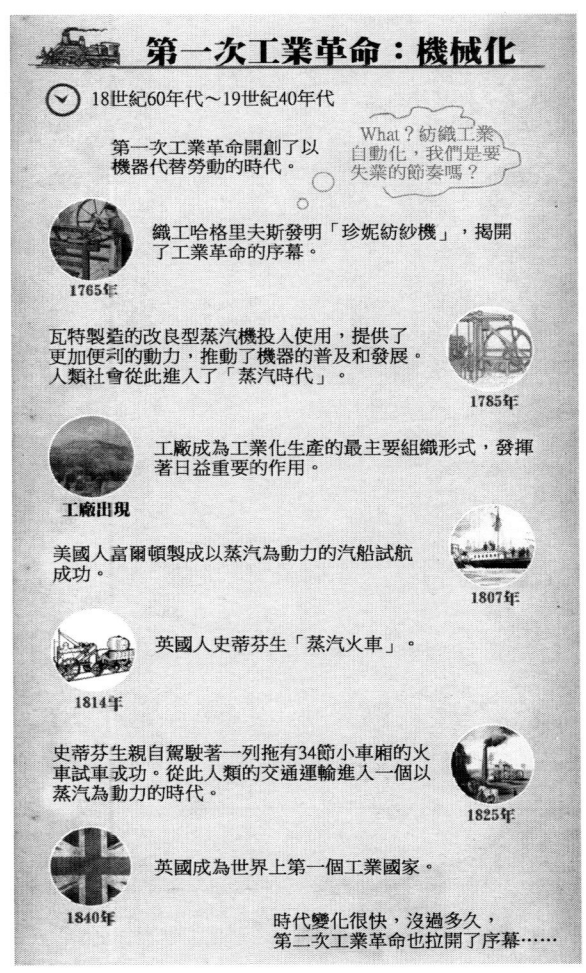

圖 3-2　第一次工業革命：機械化

2. 第二次工業革命（The Second Industrial Revolution）：電氣化（19 世紀末至 20 世紀初）

　　19 世紀最後 30 年至 20 世紀初，這一時期，隨著科學技術的進步和工業生產的高漲，被稱為近代歷史上的第二次工業革命，如圖 3-3 所示。世界由「蒸汽時代」進入「電氣時代」。在這一時期裡，一些發達資本主義國家的工業總產值超過了農業總產值；工業重心由輕紡工業轉為重工業，出現了電氣、化學、石油等新興工業部門。由於 19 世紀 70 年代以後發電機、電動機相繼發明，遠距離輸電技術出現，電氣工業迅速發展起來，電力在生產和生活中得到廣泛的應用。

圖 3-3　第二次工業革命：電氣化

內燃機的出現及廣泛應用，為汽車和飛機工業的發展提供了可能，也推動了石油工業的發展。化學工業是這一時期新出現的工業部門，從 19 世紀 80 年代起，人們開始從煤炭中提煉氨、苯、人造燃料等化學產品，塑膠、絕緣物質、人造纖維、無煙火藥也相繼發明並投入了生產和使用 ，原有的工業部門如冶金、造船、機器製造以及交通運輸、電訊等部門的技術革新加速進行。

　　電氣時代所創造的社會生產力，是蒸汽時代望塵莫及的。如美國 1860 年工業產值居世界第 4 位，僅為資本主義世界的 10%，由於廣泛使用電力，1890 年前進了 9 位，超過英國，成為世界頭號強國。電力的應用從根本上改變了整個社會生產和生活的面貌，加速了資本的集中和壟斷，帶動了一系列新技術部門的出現，直到現在，電力工業發展狀況和電力的應用程度仍然是判斷一個國家經濟是否發達的一個重要標誌。[①]

　　3. 第三次工業革命（The Third Industrial Revolution）：自動化（20 世紀中期開始）

　　自 20 世紀四五十年代以來，原子能、電子計算機、微電子技術、航太技術、分子生物學和遺傳工程等領域的重大突破，標誌著新的科學技術革命的到來。這次科技革命被稱為第三次科技革命。它產生了一大批新型工業，第三產業迅速發展。其中最具劃時代意義的是電子計算機的迅速發展和廣泛運用，開闢了資訊時代。它也帶來了一種新型經濟——知識經濟，知識經濟發達程度的高低已成為各國綜合國力競爭成敗的關鍵所在。

　　第三次科技革命是人類文明史上繼蒸汽技術革命和電力技術革命之後科技領域裡的又一次重大飛躍。它以原子能、電子計算機、空間技術和生物工程的發明和應用為主要標誌，涉及資訊科技、新能源技術、新材料技術、生物技術、空間技術和海洋技術等諸多領域的一場資訊控制技術革命。這次科技革命不僅極大地推動了人類社會經濟、政治、文化領域的變革，而且也影響了人類生活方式和思維方式，使人類社會生活和人的現代化向更高境界發展。自 20 世紀 80 年代以來，國內史學工作者對第三次科技革命史的研究日益深入，相關研究成果不斷問世。如圖 3-4 所示。

---

① 王士舫，董自勵. 科學技術發展簡史 [M]. 北京：北京大學出版社，2005.

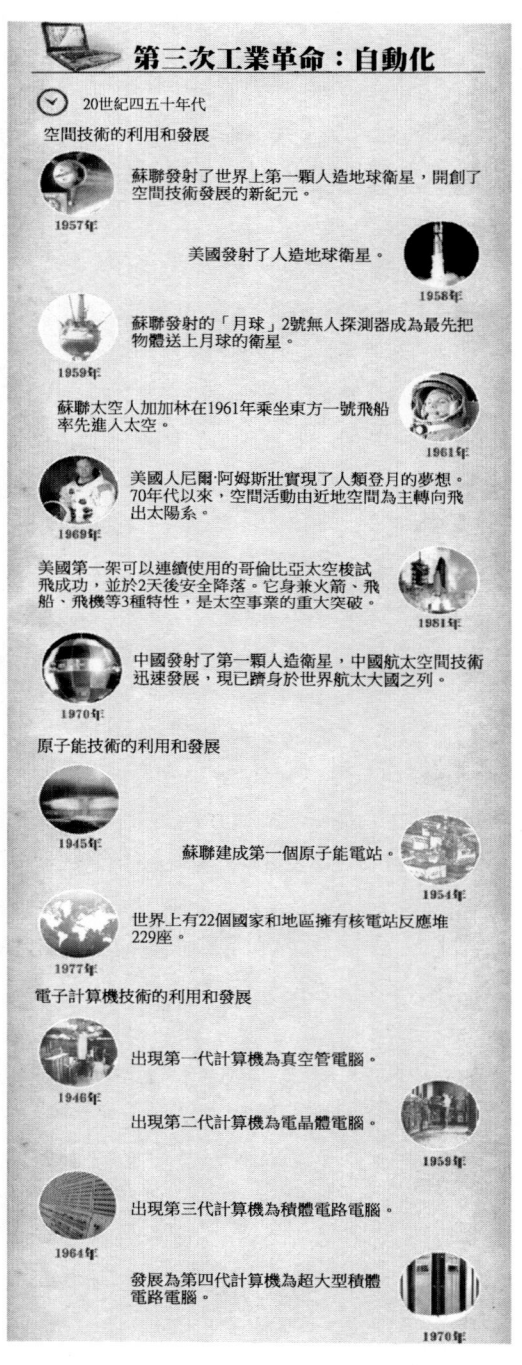

圖 3-4　第三次工業革命：自動化

4. 第四次工業革命（The Fourth Industrial Revolution）：智能化（當前開始）

當前，第三次科技革命正在向縱深、更高層次發展。第四次科技革命同時已悄然興起。它以互聯網產業化、工業智能化等為標誌，具體包括互聯網、物聯網、大數據、雲計算、智能化、感測技術、機器人、虛擬實境等科學技術。它比前三次工業革命有著更加廣泛深刻的影響與意義。

新一輪科技革命的特徵非常明顯。其革命性與顛覆性就異常激烈，人類感受到空前危機。電子商務使得實體店度日如年；互聯網金融動搖傳統金融地位；網路叫車，使得傳統出租車行業的出行模式被顛覆。

目前，我們正處於人類有史以來發展最快的時代。第三次科技革命如火如荼、方興未艾；第四次（新一輪）科技革命正在興起，即將勃發。二者並行不悖，相交相融，相輔相成，猶如兩股浪潮推動世界這艘巨輪的前行。全球經濟都在進行結構性改革、轉型升級、新舊動能轉換。如圖 3-5 所示。

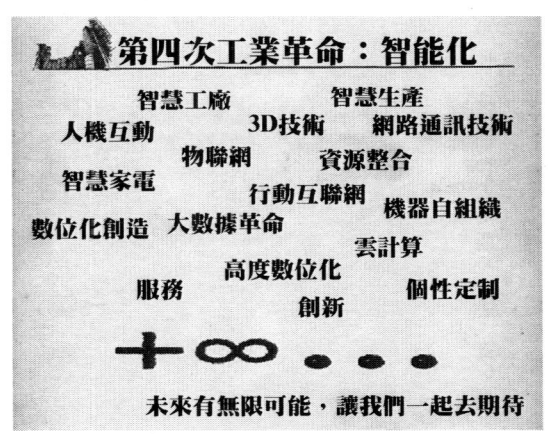

圖 3-5　第四次工業革命：智能化

3.1.3　機械化、自動化與人工智能技術進步

1. 機械化

機械化是指在生產過程中直接運用電力或其他動力來驅動或操縱機械設備以代替手工勞動進行生產的措施或手段。利用機械設備但仍以人力或畜力推動而進行生產的，稱為「半機械化」。機械化是提高勞動生產率、減輕體力勞動的重要途徑，用機械來代替人工勞動完成生產作業，如工廠機

械化的生產流水線、農業生產中的機械化、工程作業中的機械化施工等。

工業化影響整體經濟變革。既然現代機械化生產只是工業化進程的一個基本起點，那麼，工業化的內涵就應該比機械化更豐富，大規模的機械化生產必然會引起社會經濟領域的整體變革。這方面的認識，由方顯廷於1938年12月首先提出，自1943年始被知識界普遍接受。對於工業化內涵的看法，也逐漸超脫「機械化」這種較為單一的概念，轉而把工業化視為一種包括國民經濟各領域的整體經濟變革。

2. 自動化

自動化的概念是一個動態發展過程。過去，人們對自動化的理解或者說自動化的功能目標是以機械的動作代替人力操作，自動地完成特定的作業，這實質上是自動化代替人的體力勞動的觀點。後來隨著電子和資訊技術的發展，特別是隨著計算機的出現和廣泛應用，自動化的概念已擴展為用機器（包括計算機），不僅代替人的體力勞動還代替或輔助腦力勞動，以自動地完成特定的作業。

自動化的廣義內涵至少包括這幾點。在形式方面，製造自動化有三個方面的含義：代替人的體力勞動，代替或輔助人的腦力勞動，製造系統中人機及整個系統的協調、管理、控制和優化。在功能方面，自動化代替人的體力勞動或腦力勞動僅僅是自動化功能目標體系的一部分。自動化的功能目標是多方面的，已形成一個有機體系。在範圍方面，製造自動化不僅涉及具體生產製造過程，而且涉及產品生命週期所有過程。機械化需要有人來操作機械工作，自動化就是機械自行工作，無需人工干預，自動化比機械化更深了一步。

3. 人工智能

人工智能是自動化的一個分支，自動化是基礎學科。自動化技術是一門綜合性技術，它和控制論、資訊理論、系統工程、計算機技術、電子學、液壓氣壓技術、自動控制等都有著十分密切的關係，而其中又以「控制理論」和「計算機技術」對自動化技術的影響最大。

人工智能是對人的意識、思維的信息過程的模擬。人工智能不是人的智能，是能像人那樣思考，可能超過人的智能。人工智能是對人的意識、思維的信息過程的模擬，即按照人的思維進行自動操作。人工智能不是人的智能，但能像人那樣思考，也可能超過人的智能。

人工智能作為新時代的「電力」，大數據作為互聯網時代下的除土地、資本、勞動力、技術外的生產要素，將極大地顛覆現有商業模式、產業鏈和價值鏈，其發揮作用的廣度和深度將遠超歷次技術革命。如圖3-6所示。

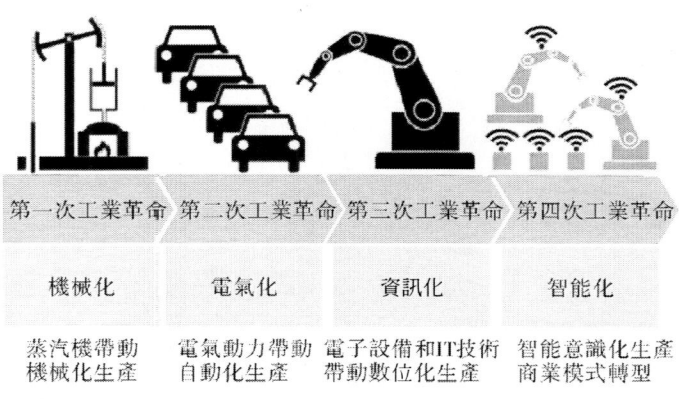

圖3-6　四次工業革命概況

3.2　人工智能概述

　　人工智能的概念誕生於 1956 年，在半個多世紀的發展歷程中，由於受到智能演算法、計算速度、存儲水準等多方面因素的影響，人工智能技術和應用發展經歷了多次高潮和低谷。自 2006 年以來，以深度學習為代表的機器學習算法在機器視覺和語音識別等領域取得了極大的成功，識別準確性大幅提升，使人工智能再次受到學術界和產業界的廣泛關注。雲計算、大數據等技術在提升運算速度、降低計算成本的同時，也為人工智能發展提供了豐富的數據資源，協助訓練出更加智能化的演算法模型。人工智能的發展模式也從過去追求「用計算機模擬人工智能」，逐步轉向以機器與人結合而成的增強型混合智能系統，用機器、人、網路結合成新的群智系統，用機器、人、網陸和物結合成更加複雜的智能系統。

　　作為新一輪產業變革的核心驅動力，人工智能在催生新技術、新產品的同時，對傳統行業也具備較強的「賦能」作用，能夠引發經濟結構的重大變革，實現社會生產力的整體躍升。人工智能將人從枯燥的勞動中解放出來，越來越多的簡單性、重複性、危險性任務由人工智能系統完成，在減少人力投入、提高工作效率的同時，還能夠比人類做得更快、更準確；人工智能還可以在教育、醫療、養老、環境保護、城市運行、司法服務等領域得到廣泛應用，能夠極大提高公共服務精準性，全面提高人民生活品質；同時，人工智能可幫助人類準確感知、預測、預警基礎設施和社會安

全運行的重大態勢，及時把握群體認知及心理變化，做出決策反應，顯著提高社會治理能力和水準，同時保障公共安全。

人工智能作為一項引領未來的戰略技術，世界發達國家紛紛在新一輪國際競爭中爭取掌握主導權，圍繞人工智能出抬規劃和政策，對人工智能核心技術、頂尖人才、標準規範等進行部署，加快促進人工智能技術和產業發展。主要科技企業不斷加大資金和人力投入，搶占人工智能發展制高點。2017年，中國公布了《新一代人工智能發展規劃》（國發〔2017〕35號）、《促進新一代人工智能產業發展三年行動計劃（2018—2020年）》（工信部科〔2017〕315號）等政策文件，推動人工智能技術研發和產業化發展。

3.2.1 人工智能的起源及歷史

人工智能始於20世紀50年代，至今大致分為三個發展階：

第一階段（20世紀50年代—20世紀80年代）。這一階段人工智能剛誕生，基於抽象數學推理的可程式化數位計算機已經出現，符號主義（Symbolism）快速發展，但由於很多事物不能形式化表達，建立的模型存在一定的局限性。此外，隨著計算任務的複雜性不斷加大，人工智能發展一度遇到瓶頸。

第二階段（20世紀80年代—20世紀90年代末）。在這一階段，專家系統得到快速發展，數學模型有重大突破，但由於專家系統在知識獲取、推理能力等方面的不足，以及開發成本高等原因，人工智能的發展又一次進入低谷期。

第三階段（21世紀初至今）。隨著大數據的積聚、理論算法的革新、計算能力的提升，人工智能在很多應用領域取得了突破性進展，迎來了又一個繁榮時期。人工智能具體的發展歷程如圖3-7所示。

長期以來，製造具有智能的機器一直是人類的重大夢想。早在1950年，Alan Turing在《計算機器與智能》中就闡述了對人工智能的思考。他提出的圖靈測試是機器智能的重要測量手段，後來還衍生出了視覺圖靈測試等測量方法。1956年，「人工智能」這個詞首次出現在達特茅斯會議上，標誌著其作為一個研究領域的正式誕生。60年來，人工智能發展潮起潮落的同時，基本思想可大致劃分為四個流派：符號主義（Symbolism）、連接主義（Connectionism）、行為主義（Behaviourism）和統計主義（Statisticsism）。這四個流派從不同側面抓住了智能的部分特徵，在「製造」人工智能方面都取得了里程碑式的成就。

3 人工智能技術進步與產業發展及趨勢

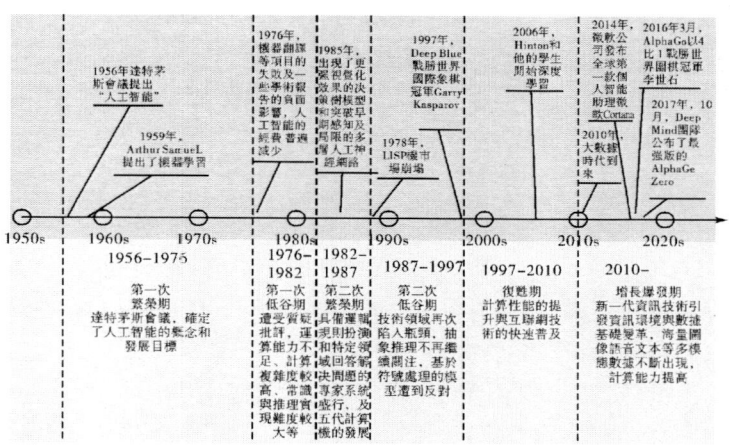

圖 3-7　人工智能發展歷史

　　1959 年，Arthur Samuel 提出了機器學習，機器學習將傳統的製造智能演化為通過學習能力來獲取智能，推動人工智能進入了第一次繁榮期。20 世紀 70 年代末期專家系統的出現，實現了人工智能從理論研究走向實際應用，從一般思維規律探索走向專門知識應用的重大突破，將人工智能的研究推向了新高潮。然而，機器學習的模型仍然是「人工」的，也有很大的局限性。隨著專家系統應用的不斷深入，專家系統自身存在的知識獲取難、知識領域窄、推理能力弱、實用性差等問題逐步暴露。從 1976 年開始，人工智能的研究進入長達 6 年的蕭瑟期。

　　在 20 世紀 80 年代中期，隨著美國、日本立項支持人工智能研究，以及以知識工程為主導的機器學習方法的發展，出現了具有更強可視化效果的決策樹模型和突破早期感知器局限的多層人工神經網路，由此帶來了人工智能的又一次繁榮期。然而，當時的計算機難以模擬複雜度高及規模大的神經網路，仍有一定的局限性。1987 年，由於 LISP 機市場崩塌，美國取消了人工智能預算，日本第五代計算機項目失敗並退出市場，專家系統進展緩慢，人工智能又進入了蕭瑟期。

　　1997 年，IBM 深藍（Deep Blue）戰勝國際象棋世界冠軍 Garry Kasparovo。這是一次具有里程碑意義的成功，它代表了基於規則的人工智能的勝利。2006 年，在 Hinton 和他的學生的推動下，深度學習開始備受關注，為後來人工智能的發展帶來了重大影響。從 2010 年開始，人工智能進入爆發式的發展階段，其最主要的驅動力是大數據時代的到來，運算能力及機器學習演算法得到提高。人工智能快速發展，產業界也開始不斷湧現出

25

新的研發成果：2011 年，IBM Waston 在綜藝節目《危險邊緣》中戰勝了最高獎金得主和連勝紀錄保持者。2012 年，谷歌大腦通過模仿人類大腦在沒有人類指導的情況下，利用非監督深度學習方法從大量影片中成功學習到識別出一只貓的能力。2014 年，微軟公司推出了一款即時口譯系統，可以模仿說話者的聲音並保留其口音。2014 年，微軟公司發布全球第一款個人智能助理微軟Cortana ；2014 年，亞馬遜發布至今為止最成功的智能音箱產品 Echo 和個人助手 Alexa。2016 年，谷歌 AlphaGo 機器人在圍棋比賽中擊敗了世界冠軍李世石。2017 年，蘋果公司在原來個人助理 Siri 的基礎上推出了智能私人助理 Siri 和智能音響 HomePod。

目前，世界各國都開始重視人工智能的發展。2017 年 6 月 29 日，首屆世界智能大會在天津召開。中國工程院院士潘雲鶴在大會主論壇做了題為「中國新一代人工智能」的主題演講，報告中概括了世界各國在人工智能研究方面的戰略。2016 年 5 月，美國白宮發表了《為人工智能的未來做好準備》；英國 2016 年 12 月發布《人工智能：未來決策制定的機遇和影響》；法國在 2017 年 4 月制定了《國家人工智能戰略》；德國在 2017 年 5 月頒布全國第一部自動駕駛的法律。在中國，據不完全統計，2017 年營運的人工智能公司接近 400 家，行業巨頭百度、騰訊、阿里巴巴等都不斷在人工智能領域發力。從數量、投資等角度來看，自然語言處理、智能機器人、計算機視覺成為人工智能最為熱門的三個產業方向。

3.2.2 人工智能的概念

人工智能作為一門前沿交叉學科，對其定義一直存有不同的觀點。

《人工智能——一種現代方法》中將已有的一些人工智能定義分為四類：像人一樣思考的系統、像人一樣行動的系統、理性思考的系統、理性行動的系統。

維基百科上定義：「人工智能就是機器展現出的智能」，即只要是某種機器，具有某種或某些「智能」的特徵或表現，都應該算作「人工智能」。

大英百科全書則限定人工智能是數字計算機或者數字計算機控制的機器人在執行智能生物體才有的一些任務上的能力。

百度百科定義人工智能是「研究、開發用於模擬、延伸和擴展人的智能的理論、方法、技術及應用系統的一門新的技術科學」，將其視為計算機科學的一個分支，指出其研究包括機器人、語言識別、圖像識別、自然語言處理和專家系統等。

本書認為，人工智能是利用數位計算機或者數位計算機控制的機器模擬、延伸和擴展人的智能，感知環境、獲取知識並使用知識獲得最佳結果的理論、方法、技術及應用系統。

人工智能的定義對人工智能技術的基本思想和內容做出了解釋，即圍繞智能活動而構造的人工系統。人工智能是知識的工程，是機器模仿人類利用知識完成一定行為的過程。

3.2.3 人工智能的分類

根據人工智能是否能真正實現推理、思考和解決問題，可以將人工智能分為：弱人工智能和強人工智能。

弱人工智能是指不能真正實現推理和解決問題的智能機器，這些機器表面看像是智能的，但是並不真正擁有智能，也不會有自主意識。迄今為止的人工智能系統都還是實現特定功能的專用智能，而不是像人類智能那樣能夠不斷適應複雜的新環境並不斷湧現出新的功能，因此都還是弱人工智能。目前的主流研究仍然集中於弱人工智能，並取得了顯著進步，如語音識別、圖像處理和物體分割、機器翻譯等方面取得了重大突破，甚至可以接近或超越人類水準。

強人工智能是指真正能思維的智能機器，並且認為這樣的機器是有知覺的和自我意識的，這類機器可分為類人（機器的思考和推理類似人的思維）與非類人（機器產生了和人完全不一樣的知覺和意識，使用和人完全不一樣的推理方式）兩大類。從一般意義來說，達到人類水準的、能夠應對外界環境挑戰的、具有自我意識的人工智能被稱為「通用人工智能」「強人工智能」或「類人智能」。強人工智能不僅在哲學上存在巨大爭論（涉及思維與意識等根本問題的討論），在技術上的研究也具有極大的挑戰性。強人工智能當前鮮有進展，美國私營部門的專家及國家科技委員會比較支持的觀點是至少在未來幾十年內難以實現。

靠符號主義、連接主義、行為主義和統計主義這四個流派的經典路線就能設計製造出強人工智能嗎？其中一個主流看法是：即使有更高性能的計算平臺和更大規模的大數據助力，也還只是量變，不是質變，人類對自身智能的認識還處在初級階段，在人類真正理解智能機理之前，不可能製造出強人工智能。理解大腦產生智能的機理是腦科學的終極性問題，絕大多數腦科學專家都認為這是一個數百年乃至數千年甚至永遠都解決不了的問題。

通向強人工智能還有一條「新」路線，這裡稱為「仿真主義」。這條新路線通過製造先進的大腦探測工具從結構上解析大腦段，再利用工程技術手構造出模仿大腦神經網路基元及結構的仿腦裝置，最後通過環境刺激和交互訓練仿真大腦實現類人智能，簡言之，「先結構，後功能」。雖然這項工程也十分困難，但都是有可能在數十年內解決的工程技術問題，而不像「理解大腦」這個科學問題那樣遙不可及。

仿真主義可以說是符號主義、連接主義、行為主義和統計主義之後的第五個流派，和前四個流派有著千絲萬縷的聯繫，也是前四個流派通向強人工智能的關鍵一環。經典計算機是數理邏輯的開關電路實現，採用馮·諾依曼體系結構，可以作為邏輯推理等專用智能的實現載體。但要靠經典計算機不可能實現強人工智能。要按仿真主義的路線「仿腦」，就必須設計、製造出全新的軟硬體系統，這就是「類人計算機」，或者更準確地稱為「仿腦機」。「仿腦機」是「仿真工程」的標誌性成果，也是「仿腦工程」通向強人工智能之路的重要里程碑。

3.2.4 人工智能的特徵

1. 由人類設計，為人類服務，本質為計算，基礎為數據

從根本上說，人工智能系統必須以人為本，這些系統是人類設計出的機器，按照人類設定的程序邏輯或軟體演算法通過人類發明的芯片等硬體載體來運行或工作，其本質體現為計算，通過對數據的採集、加工、處理、分析和挖掘，形成有價值的資訊流和知識模型，為人類提供延伸人類能力的服務，實現對人類期望的一些「智能行為」的模擬，在理想情況下必須體現服務人類的特點，而不應該傷害人類，特別是不應該有目的性地做出傷害人類的行為。

2. 能感知環境，能產生反應，能與人交互，能與人互補

人工智能系統應能借助感測器等器件產生對外界環境（包括人類）進行感知的能力，可以像人一樣通過聽覺、視覺、嗅覺、觸覺等接收來自環境的各種信息，對外界輸入產生文字、語音、表情、動作（控制執行機構）等必要的反應，甚至影響到環境或人類。借助於按鈕、鍵盤、滑鼠、屏幕、手勢、體態、表情、力反饋、虛擬實境/擴增實境等方式，人與機器間可以產生交互與互動，使機器設備越來越「理解」人類乃至與人類共同協作、優勢互補。這樣，人工智能系統能夠幫助人類做人類不擅長、不喜歡但機器能夠完成的工作，而人類則適合去做更需要創造性、洞察力、想像力、

靈活性、多變性乃至用心領悟或需要感情的一些工作。

3. 有自適應特性，有學習能力，有演化迭代，有連接擴展

人工智能系統在理想情況下應具有一定的自適應特性和學習能力，即具有一定的隨環境、數據或任務變化；能適應調節參數或更新優化模型的能力；並且，能夠在此基礎上通過與雲端越來越廣泛、深入的數字化連接擴展，實現機器客體乃至人類主體的演化、疊代化，以使系統具有適應性強健性、靈活性、擴展性，來應對不斷變化的現實環境。

3.3 人工智能發展現狀及趨勢

3.3.1 人工智能關鍵技術

1. 機器學習

機器學習（Machine Learning）是一門涉及統計學、系統辨識、逼近理論、神經網路、優化理論、計算機科學、腦科學等諸多領域的交叉學科，研究計算機怎樣模擬或實現人類的學習行為，以獲取新的知識或技能，重新組織已有的知識結構使之不斷改善自身的性能，是人工智能技術的核心。基於數據的機器學習是現代智能技術中的重要方法之一，研究從觀測數據（樣本）出發尋找規律，利用這些規律對未來數據或無法觀測的數據進行預測。根據學習模式、學習方法以及演算法的不同，機器學習存在不同的分類方法。

（1）根據學習模式將機器學習分為監督學習、無監督學習和強化學習等。

①監督學習

監督學習是利用已標記的有限訓練數據集，通過某種學習策略/方法建立一個模型，實現對新數據/實例的標記（分類）/映射，最典型的監督學習演算法包括迴歸和分類。監督學習要求訓練樣本的分類標籤已知，分類標籤精確度越高，樣本越具有代表性，學習模型的準確度越高。監督學習在自然語言處理、資訊檢索、文本挖掘、手寫體辨識、垃圾郵件偵測等領域獲得了廣泛應用。

②無監督學習

無監督學習是利用無標記的有限數據描述隱藏在未標記數據中的結構/

規律，最典型的非監督學習演算法包括單類密度估計、單類數據降維、聚類等。無監督學習不需要訓練樣本和人工標註數據，便於壓縮數據存儲、減少計算量、提升演算法速度，還可以避免正、負樣本偏移引起的分類錯誤問題。主要用於經濟預測、異常檢測、資料探勘、圖像處理、模式識別等領域，例如組織大型計算機集群、社群網路分析、市場分割、天文數據分析等。

③強化學習

強化學習是智能系統從環境到行為映射的學習，以使強化信號函數值最大。由於外部環境提供的信息很少，強化學習系統必須靠自身的經歷進行學習。強化學習的目標是學習從環境狀態到行為的映射，使得智能體選擇的行為能夠獲得環境最大的獎賞，使得外部環境對學習系統在某種意義下的評價為最佳。其在機器人控制、無人駕駛、下棋、工業控制等領域獲得成功應用。

（2）根據學習方法可以將機器學習分為傳統機器學習和深度學習

①傳統機器學習

傳統機器學習從一些觀測（訓練）樣本出發，試圖發現不能通過原理分析獲得的規律，實現對未來數據行為或趨勢的準確預測。相關演算法包括邏輯迴歸、隱馬爾可夫方法、支援向量機方法、K近鄰方法、三層人工神經網路方法、Adaboost算法、貝葉斯方法以及決策樹方法等。傳統機器學習平衡了學習結果的有效性與學習模型的可解釋性，為解決有限樣本的學習問題提供了一種框架，主要用於有限樣本情況下的模式分類、迴歸分析、概率密度估計等。傳統機器學習方法共同的重要理論基礎之一是統計學，在自然語言處理、語音識別、圖像識別、信息檢索和生物信息等許多計算機領域獲得了廣泛應用。

②深度學習

深度學習是建立深層結構模型的學習方法，典型的深度學習演算法包括深度置信網絡、卷積神經網路、受限玻爾茲曼機和循環神經網路等。深度學習又稱為深度神經網路（指層數超過三層的神經網路）。深度學習作為機器學習研究中的一個新興領域，由Hinton等人於2006年提出。深度學習源於多層神經網路，其實質是給出了一種將特徵表示和學習合二為一的方式。深度學習的特點是放棄了可解釋性，單純追求學習的有效性。經過多年的摸索嘗試和研究，已經產生了諸多深度神經網路的模型，其中卷積神經網路、循環神經網路是兩類典型的模型。卷積神經網路常被應用於空間性分佈數據；循環神經網絡在神經網路中引入了記憶和反饋，常被應用於時間

性分布數據。深度學習框架是進行深度學習的基礎底層框架，一般包含主流的神經網路演算法模型，提供穩定的深度學習 API,支持訓練模型在服務器和 GPU 以及服務器和 TPU 間的分布式學習，部分框架還具備在包括行動設備、雲平臺在內的多種平臺上運行的移植能力，從而為深度學習算法帶來前所未有的運行速度和實用性。目前主流的開源演算法框架有 Tensor Flow、Caffe/Caffe2、CNTK、MXNet、Paddle-paddle、Torch/PyTorch、Theano 等。

（3）機器學習的常見算法還包括遷移學習、主動學習和演化學習等。

①遷移學習

遷移學習是指當在某些領域無法取得足夠多的數據進行模型訓練時，利用另一領域數據獲得的關係進行的學習。遷移學習可以把已訓練好的模型參數遷移到新的模型指導新模型訓練，可以更有效地學習底層規則，減少數據量。目前的遷移學習技術主要在變量有限的小規模應用中使用，如基於感測器網路的定位、文字分類和圖像分類等。未來遷移學習將被廣泛應用於解決更有挑戰性的問題，如影片分類、社群網絡分析、邏輯推理等。

②主動學習

主動學習通過一定的演算法查詢最有用的未標記的樣本，並交由專家進行標記，然後用查詢到的樣本訓練分類模型來提高模型的精度。主動學習能夠選擇性地獲取知識，通過較少的訓練樣本獲得高性能的模型，最常用的策略是通過不確定性準則和差異性準則選取有效的樣本。

③演化學習

演化學習對優化問題性質要求極少，只需能夠評估解的好壞即可，適用於求解複雜的優化問題，也能直接用於多目標優化。演化演算法包括微粒群演算法、多目標演化算法等。目前針對演化學習的研究主要集中在演化數據聚類、對演化數據更有效的分類，以及提供某種自適應機制以確定演化機制的影響等。

2. 知識圖譜

知識圖譜本質上是結構化的語義知識庫，是一種由節點和邊組成的圖數據結構，以符號形式描述物理世界中的概念及其相互關係，其基本組成單位是「實體-關係-實體」三元組，以及實體及其相關「屬性-值對」。不同實體之間通過關係相互聯結，構成網狀的知識結構。在知識圖譜中，每個節點表示現實世界的「實體」，每條邊為實體與實體之間的「關係」。通俗地講，知識圖譜就是把所有不同種類的信息連接在一起而得到的一個關係網絡，從「關係」的角度去分析問題。

知識圖譜可用於反詐欺、不一致性驗證、組團詐欺等公共安全保障領

域，需要用到異常分析、靜態分析、動態分析等資料探勘方法。特別是知識圖譜在搜索引擎、視覺化展示和精準行銷方面有很大的優勢，已成為業界的熱門工具。但是，知識圖譜的發展還有很大的挑戰，如數據的噪音問題，即數據本身有錯誤或者數據存在冗餘。隨著知識圖譜應用的不斷深入，還有一系列關鍵技術需要突破。

3. 自然語言處理

自然語言處理是計算機科學領域與人工智能領域中的一個重要方向，研究能實現人與計算機之間用自然語言進行有效通訊的各種理論和方法，涉及的領域較多，主要包括機器翻譯、機器閱讀理解和問答系統等。

（1）機器翻譯

機器翻譯技術是指利用計算機技術實現從一種自然語言到另外一種自然語言的翻譯過程。基於統計的機器翻譯方法突破了之前基於規則和實例翻譯方法的局限性，翻譯性能取得巨大提升。基於深度神經網路的機器翻譯在日常口語等一些場景的成功應用已經顯現出了巨大的潛力。隨著上下文的語境特徵和知識邏輯推理能力的發展，自然語言知識圖譜不斷擴充，機器翻譯將會在多輪對話翻譯及篇章翻譯等領域取得更大進展。

目前，非限定領域機器翻譯中性能較佳的一種是統計機器翻譯，包括訓練及解碼兩個階段。訓練階段的目標是獲得模型參數，解碼階段的目標是利用所估計的參數和給定的優化目標，獲取待翻譯語句的最佳翻譯結果。統計機器翻譯主要包括語料預處理、詞對齊、短語抽取、短語概率計算、最大熵調序等步驟。基於神經網路的端到端翻譯方法不需要針對雙語句子專門設計特徵模型，而是直接把源語言句子的詞串送入神經網路模型，經過神經網路的運算，得到目標語言句子的翻譯結果。在基於端到端的機器翻譯系統中，通常採用遞歸神經網路或卷積神經網路對句子進行特徵建模，從海量訓練數據中抽取語義資訊，與基於短語的統計翻譯相比，其翻譯結果更加流暢自然，在實際應用中取得了較好的效果。

（2）語義理解

語義理解技術是指利用計算機技術實現對文本篇章的理解，並且回答與篇章相關問題的過程。語義理解更注重對上下文的理解以及對答案精準程度的把控。隨著 MCTest 數據集的發布，語義理解受到更多關注，取得了快速發展，相關數據集和對應的神經網路模型層出不窮。語義理解技術將在智能客服、產品自動問答等相關領域發揮重要作用，進一步提高問答與對話系統的精度。

在數據採集方面，語義理解通過自動構造數據方法和自動構造填空型

問題的方法來有效擴充數據資源。為了解決填充型問題，一些基於深度學習的方法相繼提出，如基於注意力的神經網路方法。當前主流的模型是利用神經網路技術對篇章、問題建模，對答案的開始和終止位置進行預測，抽取出篇章片段。對於進一步廣義化的答案，處理難度進一步提升，目前的語義理解技術仍有較大的提升空間。

（3）問答系統

問答系統分為開放領域的對話系統和特定領域的問答系統。問答系統技術是指讓計算機像人類一樣用自然語言與人交流的技術。人們可以向問答系統提交用自然語言表達的問題，系統會返回關聯性較高的答案。儘管問答系統目前已經有了不少應用產品出現，但大多是在實際資訊服務系統和智能手機助手等領域中的應用，在問答系統正確性方面仍然存在著問題和挑戰。

自然語言處理面臨四大挑戰：一是在詞法、句法、語義、語用和語音等不同層面存在不確定性；二是新的詞彙、術語、語義和語法導致未知語言現象的不可預測性；三是數據資源的不充分使其難以覆蓋複雜的語言現象；四是語義知識的模糊性和錯綜複雜的關聯性難以用簡單的數學模型描述，語義計算需要參數龐大的非線性計算。

4. 人機互動

人機互動主要研究人和計算機之間的資訊交換，主要包括人到計算機和計算機到人的兩部分資訊交換，是人工智能領域重要的外圍技術。人機互動是與認知心理學、人機工程學、多媒體技術、虛擬實境技術等密切相關的綜合學科。傳統的人與計算機之間的資料交換主要依靠互動設備進行，主要包括鍵盤、滑鼠、搖桿、數位服裝、眼動追蹤器、位置追蹤器、數位手套、壓力筆等輸入設備，以及印表機、繪圖儀、顯示器、頭盔式顯示器、音箱等輸出設備。人機互動技術除了傳統的基本互動和圖形互動外，還包括語音互動、情感互動、體感互動及人機互動等技術，以下對後四種與人工智能關聯密切的典型互動手段進行介紹。

（1）語音互動

語音互動是一種高效的互動方式，是人以自然語音或機器合成語音和計算機進行互動的綜合性技術，結合了語言學、心理學、工程和計算機技術等領域的知識。語音互動不僅要對語音識別和語音合成進行研究，還要對人在語音通道下的互動機理、行為方式等進行研究。語音互動過程包括四部分：語音採集、語音識別、語義理解和語音合成。語音採集完成音檔的錄入、採樣及編碼；語音識別完成語音信息到機器可識別的文字檔資訊的

轉化；語義理解根據語音識別轉換後的文本字符或命令完成相應的操作；語音合成完成文本信息到聲音信息的轉換。作為人類溝通和獲取信息最自然便捷的手段，語音互動比其他互動方式具備更多優勢，能為人機互動帶來根本性變革，是大數據和認知計算時代未來發展的制高點，具有廣闊的發展前景和應用前景。

（2）情感互動

情感是一種高層次的信息傳遞，而情感互動是一種互動狀態，它在表達功能和信息時傳遞情感，勾起人們的記憶或內心的情愫。傳統的人機互動無法理解和適應人的情緒或心境，缺乏情感理解和表達能力，計算機難以具有類似人一樣的智能，也難以通過人機互動做到真正的和諧與自然。情感互動就是要賦予計算機類似於人一樣的觀察、理解和生成各種情感的能力，最終使計算機像人一樣能進行自然、親切和生動的互動。情感互動已經成為人工智能領域中的熱點方向，旨在讓人機互動變得更加自然。目前，在情感互動信息的處理方式、情感描述方式、情感資料獲取和處理過程、情感表達方式等方面還面臨諸多技術挑戰。

（3）體感互動

體感互動是個體不需要借助任何複雜的控制系統，以體感技術為基礎，直接通過肢體動作與周邊數位設備裝置和環境進行自然的互動。依照體感方式與原理的不同，體感技術主要分為三類：慣性感測、光學感測以及光學聯合感測。體感互動通常由運動追蹤、手勢識別、運動捕捉、面部表情識別等一系列技術支撐。與其他互動手段相比，體感交互技術無論是硬體還是軟體方面都有了較大的提升，互動設備向小型化、便攜化、使用方便化等方面發展，大大降低了對用戶的約束，使得互動過程更加自然。目前，體感互動在游戲娛樂、醫療輔助與復健、全自動三維建模、輔助購物、眼動儀等領域有了較為廣泛的應用。

（4）人機互動

人機互動又稱為人機介面，指不依賴外圍神經和肌肉等神經通道，直接實現大腦與外界信息傳遞的通路。人機介面系統檢測中樞神經系統活動，並將其轉化為人工輸出指令，能夠替代、修復、增強、補充或者改善中樞神經系統的正常輸出，從而改變中樞神經系統與內外環境之間的交互作用。人機交互通過對神經信號解碼，實現腦訊號到機器指令的轉化，一般包括訊號採集、特徵提取和命令輸出三個模組。從腦波信號採集的角度，一般將人機介面分為侵入式和非侵入式兩大類。除此之外，人機介面還有其他常見的分類方式：按照信號傳輸方向可以分為腦到機、機到腦和腦機雙向

介面；按照訊號生成的類型，可分為自發式人機介面和誘發式人機介面；按照信號源的不同還可分為基於腦波的人機介面、基於功能性核磁共振的人機介面以及基於近紅外光譜分析的人機介面。

5. 計算機視覺

計算機視覺是使用計算機模仿人類視覺系統的科學，讓計算機擁有類似人類讀取、處理、理解和分析圖像以及圖像序列的能力。自動駕駛、機器人、智能醫療等領域均需要通過計算機視覺技術從視覺訊號中提取並處理訊息。近年來，隨著深度學習的發展，預處理、特徵提取與演算法處理漸漸融合，形成端到端的人工智能演算法技術。根據解決的問題，計算機視覺可分為計算成像學、圖像理解、三維視覺、動態視覺和影片編解碼五大類。

（1）計算成像學

計算成像學是探索人眼結構、相機成像原理以及其延伸應用的科學。在相機成像原理方面，計算成像學不斷促進現有可見光相機的完善，使得現代相機更加輕便，可以適用於不同場景。同時，計算成像學也推動著新型相機的產生，使相機超出可見光的限制。在相機應用科學方面，計算成像學可以提升相機的能力，從而通過後續的算法處理使得在受限條件下拍攝的圖像更加完善，例如圖像去雜訊、去模糊、暗光增強、去霧霾等，以及實現新的功能，例如全景圖、背景虛化、超解析度等。

（2）圖像理解

圖像理解是通過用計算機系統解釋圖像，實現類似人類視覺系統理解外部世界的一門科學。通常根據理解信息的抽象程度可分為三個層次：淺層理解，包括圖像邊緣、圖像特徵點、紋理元素等；中層理解，包括物體邊界、區域與平面等；高層理解，根據需要抽取的高層語義信息，可大致分為識別、檢測、分割、姿態估計、圖像文字說明等。目前，高層圖像理解算法已逐漸廣泛應用於人工智能系統，如刷臉支付、智慧安防、圖像搜索等。

（3）三維視覺

三維視覺即研究如何通過視覺獲取三維信息（三維重建）以及如何理解所獲取的三維信息的科學。三維重建可以根據重建的信息來源，分為單目圖像重建、多目圖像重建和深度圖像重建等。三維信息理解，即使用三維信息輔助圖像理解或者直接理解三維信息。三維信息理解可分為，淺層：角點、邊緣、法向量等。中層：平面、立方體等。高層：物體檢測、識別、分割等。三維視覺技術可以廣泛應用於機器人、無人駕駛、智慧工廠、虛擬/擴增實境方面。

(4) 動態視覺

動態視覺即分析影片或圖像序列，模擬人處理時序圖像的科學。通常動態視覺問題可以定義為尋找圖像元素，如尋找像素、區域、物體在時序上的對應，以及提取其語義信息的問題。動態視覺研究被廣泛應用在影片分析以及人機互動等方面。

(5) 視頻編解碼

視頻編解碼是指通過特定的壓縮技術，將視頻流進行壓縮。視頻流傳輸中最為重要的編解碼標準有國際電聯的 H.261, H.263, H.264, H.265, M-JPEG 和 MPEG 系列標準。視頻壓縮編碼主要分為兩大類：無損壓縮和有損壓縮。無損壓縮指使用壓縮後的數據進行重構時，重構後的數據與原來的數據完全相同，例如磁盤文件的壓縮。有損壓縮也稱為不可逆編碼，指使用壓縮後的數據進行重構時，重構後的數據與原來的數據有差異，但不會影響人們對原始資料所表達的信息產生誤解。有損壓縮的應用範圍廣泛，例如視訊會議、視訊電話、視訊廣播、視訊監控等。

目前，計算機視覺技術發展迅速，已具備初步的產業規模。未來計算機視覺技術的發展主要面臨以下挑戰：一是如何在不同的應用領域與其他技術更好的結合，計算機視覺在解決某些問題時可以廣泛利用大數據，已經逐漸成熟並且可以超過人類，而在某些問題上卻無法達到很高的精度；二是如何降低計算機視覺演算法的開發時間和人力成本，目前計算機視覺演算法需要大量的數據與人工標註，需要較長的研發週期以達到應用領域所要求的精度與耗時；三是如何加快新型演算法的設計開發，隨著新的成像硬體與人工智能芯片的出現，針對不同芯片與數據採集設備的計算機視覺演算法的設計與開發也是挑戰之一。

6. 生物特徵識別

生物特徵識別技術是指通過個體生理特徵或行為特徵對個體身分進行識別認證的技術。從應用流程看，生物特徵識別通常分為註冊和識別兩個階段。註冊階段通過感測器對人體的生物表徵信息進行採集，如利用圖像感測器對指紋和人臉等光學信息、麥克風對說話聲等聲學信息進行採集，利用數據預處理以及特徵提取技術對採集的數據進行處理，得到相應的特徵進行存儲。識別過程中，採用與註冊過程一致的信息採集方式對識別人進行信息採集、數據預處理和特徵提取，然後將提取的特徵與存儲的特徵進行對比分析，完成識別。從應用任務看，生物特徵識別一般分為辨認與確認兩種任務，辨認是指從存儲庫中確定待識別人身分的過程，是一對多的問題；確認是指將待識別人資訊與存儲庫中特定單人信息進行比對，確

定身分的過程，是一對一的問題。

生物特徵識別技術涉及的內容十分廣泛，包括指紋、掌紋、人臉、虹膜、指靜脈、聲紋、步態等多種生物特徵，其識別過程涉及圖像處理、計算機視覺、語音識別、機器學習等多項技術。目前，生物特徵識別作為重要的智能化身分認證技術，在金融、公共安全、教育、交通等領域得到廣泛的應用。下面將對指紋識別、人臉識別、虹膜識別、指靜脈識別、聲紋識別以及步態識別等技術進行介紹。

（1）指紋識別

指紋識別過程通常包括數據採集、數據處理、分析判別三個過程。數據採集通過光、電、力、熱等物理感測器獲取指紋圖像；數據處理包括預處理、畸變校正、特徵提取三個過程；分析判別是對提取的特徵進行分析判斷的過程。

（2）人臉識別

人臉識別是典型的計算機視覺應用，從應用過程來看，可將人臉識別技術劃分為檢測定位、面部特徵提取以及人臉確認三個過程。人臉識別技術的應用主要受到光照、拍攝角度、圖像遮擋、年齡等多個因素的影響，在約束條件下，人臉識別技術相對成熟，但在自由條件下，人臉識別技術還在不斷改進。

（3）虹膜識別

虹膜識別的理論框架主要包括虹膜圖像分割、虹膜區域歸一化、特徵提取和識別四個部分，研究工作大多是基於此理論框架發展而來別。虹膜識技術應用的主要難題包含感測器和光照影響兩個方面：一方面，由於虹膜尺寸小且受黑色素遮擋，需在近紅外光源下採用高解析圖像感測器才可清晰成像，對感測器質量和穩定性要求比較高；另一方面，光照的強弱變化會引起瞳孔縮放，導致虹膜紋理產生複雜形變，增加了匹配的難度。

（4）指靜脈識別

指靜脈識別是利用了人體靜脈血管中的脫氧血紅蛋白對特定波長範圍內的近紅外線有很好的吸收作用這一特性，採用近紅外光對指靜脈進行成像與識別的技術。由於指靜脈血管分布隨機性很強，其網路特徵具有很好的唯一性，且屬於人體內部特徵，不受到外界影響，因此模態特性十分穩定。指靜脈識別技術應用面臨的主要難題來自成像單元。

（5）聲紋識別

聲紋識別是指根據待識別語音的聲紋特徵識別說話人的技術。聲紋識別技術通常可以分為前端處理和建模分析兩個階段。聲紋識別的過程是將

某段來自某個人的語音經過特徵提取後與多複合聲紋模型庫中的聲紋模型進行匹配，常用的識別方法可以分為模板匹配法、機率模型法等。

(6) 步態識別

步態是遠距離複雜場景下唯一可清晰成像的生物特徵，步態識別是指通過身體體型和行走姿態來識別人的身分。相比上述幾種生物特徵識別，步態識別的技術難度更大，體現在其需要從視頻中提取運動特徵，以及需要更高要求的預處理算法，但步態識別具有遠距離、跨角度、光照不敏感等優勢。

7. 虛擬實境／擴增實境

虛擬實境／擴增實境以計算機為核心的新型視聽技術。結合相關科學技術，在一定範圍內生成與真實環境在視覺、聽覺、觸感等方面高度近似的數位化環境。用戶借助必要的裝備與數位化環境中的對象進行互動，相互影響，獲得近似真實環境的感受和體驗，通過顯示設備、跟蹤定位設備、觸力覺互動設備、數據獲取設備、專用芯片等實現。

虛擬實境／擴增實境技術特徵角度，按照不同處理階段，可以分為獲取與建模技術、分析與利用技術、交換與分發技術、展示與互動技術以及技術標準與評價體系五個方面。獲取與建模技術研究如何把物理世界或者人類的創意進行數位化和模型化，難點是三維物理世界的數位化和模型化技術；利用技術重點研究結論對數位內容進行分析、理解、搜索和知識化，其難點在於內容的語義表示和分析境；交換與分發技術主要強調各種網路環下大規模的數位化內容流通、轉換、集成和面向不同終端用戶的個性化服務等，其核心是開放的內容交換和版權管理技術；展示與交換技術重點研究符合人類習慣數字內容的各種顯示技術及互動方法，以期提高人對複雜信息的認知能力，其難點在於建立自然、和諧的人機交互環境；標準與評價體系重點研究虛擬實境／擴增實境基礎資源、內容編目、信源編碼等的規範標準以及相應的評估技術。

目前，虛擬實境／擴增實境面臨的挑戰主要體現在智能獲取、普適設備、自由互動和感知融合四個方面。在硬體平臺與裝置、核心芯片與器件、軟體平臺與工具、相關標準與規範等方面存在一系列科學技術問題。總體來說，虛擬實境／擴增實境呈現虛擬實境系統智能化、虛實環境對象無縫融合、自然互動全方位與舒適化的發展趨勢。

3.3.2 人工智能技術發展趨勢

綜上所述，人工智能技術在以下方面的發展有顯著的特點，是進一步研究人工智能趨勢的重點。

（1）技術平臺開源化

開源的學習框架在人工智能領域的研發中成績斐然，對深度學習領域影響巨大。開源的深度學習框架使得開發者可以直接使用已經研發成功的深度學習工具，減少二次開發，提高效率，促進業界緊密合作和交流。國內外產業巨頭也紛紛意識到通過開源技術建立產業生態，是搶占產業制高點的重要手段。通過技術平臺的開源化，可以擴大技術規模，整合技術和應用，有效佈局人工智能全產業鏈。谷歌、百度等國內外龍頭企業紛紛佈局開源人工智能生態，未來將有更多的軟硬體企業參與開源生態。

（2）專用智能向通用智能發展

目前的人工智能發展主要集中在專用智能方面，具有領域局限性。隨著科技的發展，各領域之間相互融合、相互影響，需要一種範圍廣、集成度高、適應能力強的通用智能，提供從輔助性決策工具到專業性解決方案的升級。通用人工智能具備執行一般智慧行為的能力，可以將人工智能與感知、知識、意識和直覺等人類的特徵互相連接，減少對領域知識的依賴性，提高處理任務的普適性，這將是人工智能未來的發展方向。未來的人工智能將廣泛地涵蓋各個領域，消除各領域之間的應用壁壘。

（3）智能感知向智能認知方向邁進

人工智能的主要發展階段包括：運算智能、感知智能、認知智能，這一觀點得到業界的廣泛認可。早期階段的人工智能具有快速計算和記憶存儲的能力。當前大數據時代的人工智能是感知智能，機器具有視覺、聽覺、觸覺等感知能力。隨著類腦科技的發展，必然向認知智能時代邁進，即讓機器能理解、會思考。

3.3.3 人工智能產業生態

人工智能作為新一輪產業變革的核心驅動力，將催生新的技術、產品、產業、業態、模式，從而引發經濟結構的重大變革，實現社會生產力的整體提升。麥肯錫預計，到2025年，全球人工智能應用市場規模總值將達到1,270億美元，人工智能將是眾多智能產業發展的突破點。通過對人工智能

產業分布進行梳理，本書提出了人工智能產業生態圖，主要分為核心業態、關聯業態、衍生業態三個層次，如圖3-8所示。

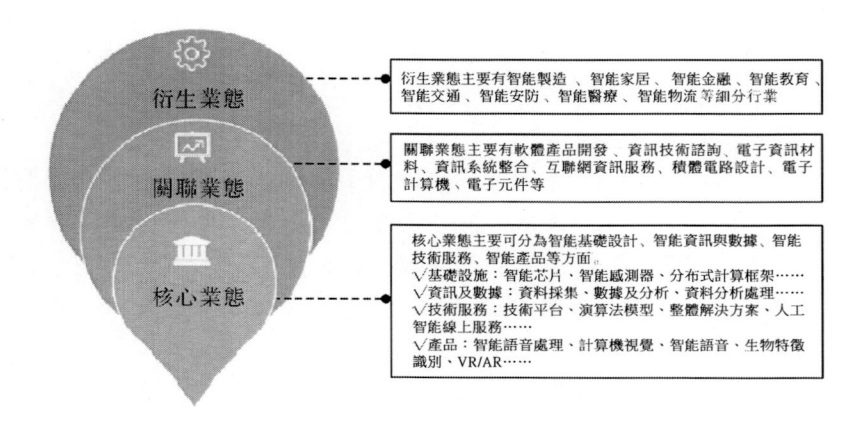

衍生業態主要有智能製造、智能家居、智能金融、智能教育、智能交通、智能安防、智能醫療、智能物流等細分行業

關聯業態主要有軟體產品開發、資訊技術諮詢、電子資訊材料、資訊系統整合、互聯網資訊服務、積體電路設計、電子計算機、電子元件等

核心業態主要可分為智能基礎設計、智能資訊與數據、智能技術服務、智能產品等方面。
√基礎設施：智能芯片、智能感測器、分布式計算框架……
√資訊及數據：資料採集、數據及分析、資料分析處理……
√技術服務：技術平台、演算法模型、整體解決方案、人工智能線上服務……
√產品：智能語音處理、計算機視覺、智能語音、生物特徵識別、VR/AR……

圖3-8　人工智能產業生態圖

3.3.4　人工智能行業應用領域

人工智能與行業領域的深度融合將改變甚至重塑傳統行業，如人工智能在製造、家居、金融、交通、安防、醫療、物流等行業的應用。

（1）智能製造

智能製造是基於新一代信息通信技術與先進製造技術深度融合，貫穿設計、生產、管理、服務等製造活動的各個環節，具有自感知、自學習、自決策、自執行、自適應等功能的新型生產方式。智能製造對人工智能的需求主要表現在以下三個方面：一是智能裝備，包括自動識別設備、人機互動系統、工業機器人以及數控工具機等具體設備，涉及跨媒體分析推理、自然語言處理、虛擬實境智慧建模及自主無人系統等關鍵技術。二是智能工廠，包括智能設計、智能生產、智能管理以及集成優化等具體內容，涉及跨媒體分析推理、大數據智能、機器學習等關鍵技術。三是智能服務，包括大規模個性化定制、遠程運維以及預測性維護等具體服務模式，涉及跨媒體分析推理、自然語言處理、大數據智能、高級機器學習等關鍵技術。例如，現有涉及智能裝備故障問題的紙質化文件，可通過自然語言處理，形成數位化資料，再通過非結構化數據向結構化數據轉換，形成深度學習所需的訓練數據，從而構建設備故障分析的神經網絡，為下一步故障診斷、優化參數設置提供決策依據。

（2）智能家居

中國工業和信息化部印發的《智慧家庭綜合標準化體系建設指南》，指出智能家居是智慧家庭八大應用場景之一。受產業環境、價格、消費者認可度等因素影響，中國智能家居行業經歷了漫長的探索期。至2010年，隨著物聯網技術的發展以及智慧城市概念的出現，智能家居概念逐步有了清晰的定義並隨之湧現出各類產品，軟件系統也經歷了若干輪升級。

智能家居以住宅為平臺，基於物聯網技術，由硬件（智能家電、智能硬件、安防控制設備、家具等）、軟件系統、雲計算平臺構成的家居生態圈，實現人遠程控制設備、設備間互聯互通、設備自我學習等功能，並通過收集、分析用戶行為數據為用戶提供個性化生活服務，使家居生活安全、節能、便捷等。例如，借助智能語音技術，用戶應用自然語言實現對家居系統各設備的操控，如開關窗簾（窗戶）、操控家用電器和照明系統、打掃衛生等操作；借助機器學習技術，智能電視可以從用戶看電視的歷史數據中分析其興趣和愛好，並將相關的節目推薦給用戶。通過應用聲紋識別、臉部識別、指紋識別等技術進行開鎖等；通過大數據技術可以使智能家電實現對自身狀態及環境的自我感知，具有故障診斷能力。通過收集產品運行數據，發現產品異常，主動提供服務，降低故障率。還可以通過大數據分析、遠程監控和診斷，快速發現問題、解決問題，提高效率。

（3）智能金融

人工智能的飛速發展將對身處服務價值鏈高端的金融業帶來深刻影響，人工智能逐步成為決定金融業溝通客戶、發現客戶金融需求的重要因素。人工智能技術在金融業中可以用於服務客戶，支援授信、各類金融交易和金融分析中的決策，並用於風險防控和監督，將大幅改變金融現有格局，金融服務將會更加的個性化與智能化。智能金融對金融機構的業務部門來說，可以幫助獲取客戶，精準服務客戶，提高效率；對金融機構的風控部門來說，可以提高風險控制，增加安全性；對用戶來說，可以實現資產優化配置，體驗到金融機構更加完美的服務。人工智能在金融領域的應用主要包括：智能獲客，依託大數據，對金融用戶進行畫像，通過需求回應模型，極大地提升獲取客戶效率；身分識別，以人工智能為內核，通過人臉識別、聲紋識別、指靜脈識別等生物識別手段，再加上各類票據、身分證、銀行卡等證件票據的OCR識別等技術手段，對用戶身分進行驗證，大幅降低核驗成本，有助於提高安全性；大數據風控，通過大數據、算力、算法的結合，搭建反詐欺、信用風險等模型，多維度控制金融機構的信用風險和操作風險，同時避免資產損失；智能投顧，基於大數據和演算法能力，對

用戶與資產信息進行標籤化，精準匹配用戶與資產；智能客服，基於自然語言處理能力和語音識別能力，拓展客服領域的深度和廣度，大幅降低服務成本，提升服務體驗；金融雲，依託雲計算能力的金融科技，為金融機構提供更安全、高效的全套金融解決方案。

(4) 智能交通

智能交通系統（Intelligent Traffic System，ITS）是通訊、資訊和控制技術在交通系統中集成應用的產物。ITS借助現代科技手段和設備，將各核心交通元素聯通，實現信息互通與共享以及各交通元素的彼此協調、優化配置和高效使用，形成人、車、協同和高效交通的環境，建立安全、高效、便捷和低碳的交通。

例如通過交通資料採集系統採集道路中的車輛流量、行車速度等資料，經過資料分析處理系統處理後形成即時路況，決策系統據此調整道路紅綠燈時長、調撥車道或潮汐車道的通行方向等，通過資訊發布系統將路況推送到導航軟體和廣播中，讓人們合理規劃行駛路線。通過不停車收費系統（ETC），實現對通過ETC入口站的車輛身分及資料自動採集、處理、收費和放行，有效增強通行能力，簡化收費管理程序，防止環境污染。

ITS應用最廣泛的地區是日本，其次是美國、歐洲等地區。中國的智能交通系統近幾年也發展迅速，在北京、上海、廣州、杭州等大城市已經建設了先進的智能交通系統；其中，北京建立了道路交通控制、公共交通指揮與調度、高速公路管理和緊急事件管理等四大ITS系統；廣州建立了交通信息共用主平臺、物流信息平臺和靜態交通管理系統等三大ITS系統。

(5) 智能安防

智能安防技術是一種利用人工智能對影片、圖片進行存儲和分析，從中識別安全隱患並對其進行處理的技術。智能安防與傳統安防的最大區別在於智能化，傳統安防對人的依賴性比較強，非常耗費人力，而智能安防能夠通過機器實現智能判斷，從而盡可能實現即時的安全防範和處理。

當前，高清影片、智能分析等技術的發展，使得安防從傳統的被動防禦向主動判斷和預警發展，行業也從單一的安全領域向多行業應用發展，進而提升生產效率並提高生活智慧化程度，為更多的行業和人群提供視覺化及智能化方案。用戶面對海量的影片數據，已無法簡單利用人海戰術進行檢索和分析，需要採用人工智能技術形成專家系統或輔助手段，即時分析影片內容，探測異常信息，進行風險預測。從技術方面來講，目前國內智能安防分析技術主要集中在兩大類：一類是採用畫面分割前景提取等方法對影片畫面中的目標進行提取檢測，通過不同的規則來區分不同的事件，

從而實現不同的判斷並產生相應的報警聯動等，例如：區域入侵分析、打架檢測、人員聚集分析、交通事件檢測等；另一類是利用模式識別技術，對畫面中特定的物體進行建模，並通過大量樣本進行訓練，從而達到對影片畫面中的特定物體進行識別，如車輛檢測、人臉檢測、人頭檢測（人流統計）等應用。智能安防目前涵蓋眾多的領域，如街道社區、道路、樓宇建築、機動車輛的監控、移動物體監測等。今後智能安防還要解決大量的影片數據分析、存儲控制及傳輸問題，將智能影片分析技術、雲計算及雲存儲技術結合起來，構建智慧城市下的安防體系。

（6）智能醫療

人工智能的快速發展，為醫療健康領域向更高的智能化方向發展提供了非常有利的技術條件。近幾年，智能醫療在輔助診療、疾病預測、醫療影像輔助診斷、藥物開發等方面發揮了重要作用。

在輔助診療方面，通過人工智能技術可以有效提高醫護人員工作效率，提升一線全科醫生的診斷治療水準。如利用智能語音技術可以實現電子病歷的智能語音錄入；利用智能影像識別技術，可以實現醫學圖像自動讀片；利用智能技術和大數據平臺，構建輔助診療系統。

在疾病預測方面，人工智能借助大數據技術可以進行疫情監測，及時有效地預測並防止疫情的進一步擴散和發展。以流感為例，很多國家都有規定，當醫生發現新型流感病例時需告知疾病控制與預防中心。但由於人們可能患病不及時就醫，同時訊息傳回到疾控中心也需要時間，因此，通告新流感病例時往往會有一定的延遲，人工智能通過疫情監測能夠有效縮短回應時間。

在醫療影像輔助診斷方面，影像判讀系統的發展是人工智能技術的產物。早期的影像判讀系統主要靠人手工編寫判定規則，存在耗時長、臨床應用難度大等問題，從而未能得到廣泛推廣。影像組學是通過醫學影像對特徵進行提取和分析，為患者的診斷和治療提供評估方法和精準診療決策。這在很大程度上簡化了人工智能技術的應用流程，節約了人力成本。

（7）智能物流

傳統物流企業在利用條碼、無線射頻識別技術、感測器、全球定位系統等方面優化改善運輸、倉儲、配送裝卸等物流業基本活動，同時也在嘗試使用智能搜索、推理規劃、計算機視覺以及智能機器人等技術，實現貨物運輸過程的自動化運作和高效率優化管理，提高物流效率。例如，在倉儲環節，利用大數據智能通過分析大量歷史庫存數據，建立相關預測模型，實現物流庫存商品的動態調整。大數據智能也可以支撐商品配送規劃，進

而實現物流供給與需求匹配、物流資源優化與配置等。在貨物搬運環節，加載計算機視覺、動態路徑規劃等技術的智能搬運機器人（如搬運機器人、貨架穿梭車、分揀機器人等）得到廣泛應用，大大縮短了訂單出庫時間，使物流倉庫的存儲密度、搬運的速度、揀貨的精準度均有大幅度提升。

3.3.5 人工智能產業應用特徵

1. 技術突破是人工智能發展的最大特徵

從人工智能產業進程來看，技術突破是推動產業升級的核心驅動力。數據資源、運算能力、核心算法的共同發展，掀起了人工智能第三次新浪潮。人工智能產業正處於從感知智能向認知智能的進階階段，前者涉及智能語音、計算機視覺及自然語言處理等技術，已具有大規模應用基礎，但後者要求的「機器要像人一樣去思考及主動行動」仍尚待突破，諸如無人駕駛、全自動智能機器人等仍處於開發中，與大規模應用仍有一定距離。

2. 為社會賦能是人工智能發展的最大動力

習近平總書記於2018年9月17日在上海召開的「世界人工智能大會」的賀信上指出，「新一代人工智能正在全球範圍內蓬勃興起，為經濟社會發展注入了新動能，正在深刻改變人們的生產生活方式。」一是以「智」圖「治」，人工智能開闢社會治理新格局。二是以「智」提「質」，人工智能為高質量發展賦能。三是以「智」謀「祉」，人工智能造福人類。

（1）智能服務呈現離線和線上的無縫結合。

分布式計算平臺的廣泛部署和應用，擴大了線上服務的應用範圍。同時，人工智能技術的發展和產品不斷湧現，如智能家居、智能機器人、自動駕駛汽車等，為智能服務帶來新的渠道或新的傳播模式，使得線上服務與線下服務的融合進程加快，促進多產業升級。

（2）智能化應用場景從單一向多元發展。

目前，人工智能的應用領域還多處於專用階段，如人臉識別、視訊監控、語音識別等都主要用於完成具體任務，覆蓋範圍有限，產業化程度有待提高。隨著智能家居、智慧物流等產品的推出，人工智能的應用終將進入面向複雜場景、處理複雜問題、提高社會生產效率和生活質量的新階段。

（3）人工智能和實體經濟深度融合進程將進一步加快。

共產黨的十九大報告提出「推動互聯網、大數據、人工智能和實體經濟深度融合」，一方面，隨著製造強國建設的加快將促進人工智能等新一代信息技術產品的發展和應用，助推傳統產業轉型升級，推動戰略性新興產業實

現整體性突破。另一方面，隨著人工智能底層技術的開源化，傳統行業將有望加快掌握人工智能基礎技術並依託其累積的行業數據資源實現人工智能與實體經濟的深度融合創新。

3.4 人工智能技術進步帶來的社會問題

歷史經驗表明新技術常常能夠提高生產效率，促進社會進步。但與此同時，由於人工智能尚處於初期發展階段，該領域的安全、倫理、隱私、勞動就業的政策、法律和標準問題值得關注。

就人工智能技術而言，安全、倫理和隱私問題直接影響人們與人工智能工具交互經驗中對人工智能技術的信任。社會公眾必須信任人工智能技術能夠給人類帶來的安全利益遠大於傷害，才有可能發展人工智能。要保障安全，人工智能技術本身及在各個領域的應用應遵循人類社會所認同的倫理原則，其中應特別關注的是隱私問題，因為人工智能的發展伴隨著越來越多的個人數據被記錄和分析，而在這個過程中保障個人隱私則是社會信任能夠增加的重要條件。隨著人工智能技術進步下的「機器換人」不斷推進，人工智能對勞動就業的總量和結構產生了重大影響，甚至直接威脅到人權、勞動權以及社會公平。因此，勞動就業僅是人工智能技術進步所帶來的社會問題中的一個方面。

總之，建立一個使人工智能技術造福社會、保護公眾利益的政策、法律和標準化環境，是人工智能技術持續、健康發展的重要前提。下面簡單討論與人工智能技術相關的安全、倫理、隱私的政策和法律問題，勞動就業問題則放在後面幾章進行專門的研究討論。

3.4.1 人工智能的安全問題

人工智能最大的特徵是能夠實現無人類干預的、基於知識並能夠自我修正的自動化運行。在開啟人工智能系統後，人工智能系統的決策不再需要操控者進一步的指令，這種決策可能會產生人類預料不到的結果。設計者和生產者在開發人工智能產品的過程中可能並不能準確預知某一產品存在的可能風險。因此，人工智能的安全問題不容忽視。

與傳統的公共安全（例如核技術）需要強大的基礎設施作為支援不同，人工智能以計算機和互聯網為依託，無需昂貴的基礎設施就能造成安全威

脅。掌握相關技術的人員可以在任何時間、地點且沒有昂貴基礎設施的情況下生產出人工智能產品。人工智能的程序運行並非公開可追蹤，其擴散途徑和速度也難以精確控制。在無法利用已有的傳統管制技術的條件下，對人工智能技術的管制必須另闢蹊徑。換言之，管制者必須考慮更深層次的倫理問題，保證人工智能技術及其應用均應符合倫理要求，才能真正實現保障公共安全的目的。

由於人工智能技術的目標實現受其初始設定的影響，必須能夠保障人工智能設計的目標與大多數人類的利益和倫理道德一致，即使在決策過程中面對不同的環境，人工智能也能做出相對安全的決定。從人工智能的技術應用方面看，要充分考慮到人工智能開發和部署過程中的責任和過錯問題，通過為人工智能技術開發者、產品生產者或者服務提供者、最終使用者設定權利和義務的具體內容，來達到落實安全保障要求的目的。

此外，考慮到目前世界各國關於人工智能管理的規定尚不統一，相關標準也處於空白狀態，同一人工智能技術的參與者可能來自不同國家，而這些國家尚未簽署針對人工智能的共有合約。為此，中國應加強國際合作，推動制定一套世界通用的管制原則和標準來保障人工智能技術的安全性。

3.4.2 人工智能的倫理問題

人工智能是人類智能的延伸，也是人類價值系統的延伸。在其發展的過程中應當包含對人類倫理價值的正確考量。設定人工智能技術的倫理要求，要依託社會和公眾對人工智能倫理的深入思考和廣泛共識，並遵循一些共識原則：

一是人類利益原則，即人工智能應以實現人類利益為終極目標。這一原則體現為對人權的尊重，對人類和自然環境利益最大化以及降低技術風險和對社會的負面影響等。在此原則下，政策和法律應致力於人工智能發展的外部社會環境的構建，推動對社會個體的人工智能倫理和安全意識教育，讓社會警惕人工智能技術被濫用的風險。此外，還應該警惕人工智能系統做出與倫理道德偏差的決策。例如，大學利用機器學習演算法來評估入學申請，假如用於訓練演算法的歷史入學數據（有意或無意）反應出之前的錄取程序的某些偏差（如性別歧視），那麼機器學習可能會在重複累計的運算過程中惡化這些偏差，造成惡性循環。如果沒有糾正，偏差會以這種方式在社會中永久存在。

二是責任原則，即在技術開發和應用兩方面都建立明確的責任體系，

以便在技術層面可以對人工智能技術開發人員或部門問責，在應用層面可以建立合理的責任和賠償體系。在責任原則下，在技術開發方面應遵循透明度原則；在技術應用方面則應當遵循權責一致原則。

其中，透明度原則要求瞭解系統的工作原理從而預測未來發展，即人類應當知道人工智能如何以及為何做出特定決定，這對責任分配至關重要。例如，在神經網路這個人工智能的重要議題中，人們需要知道為什麼會產生特定的輸出結果。另外，數據來源透明度也同樣非常重要。即便是在處理沒有問題的數據集時，也有可能面臨數據中隱含的偏見問題。透明度原則還要求開發技術時注意多個人工智能系統協作產生的危害。

權責一致原則，指的是未來政策和法律應該做出明確規定：一方面，必要的商業數據應被合理記錄、相應演算法應受到監督，商業應用應受到合理審查；另一方面，商業主體仍可利用合理的知識產權或者商業秘密來保護本企業的核心參數。在人工智能的應用領域，權利和責任一致的原則尚未在商界、政府對倫理的實踐中完全實現，這主要是由於在人工智能產品和服務的開發和生產過程中，工程師和設計團隊往往忽視倫理問題，此外，人工智能的整個行業尚未習慣於綜合考量各個利益相關者需求的工作流程，人工智能相關企業對商業秘密的保護也未與透明度相平衡。

3.4.3 人工智能的隱私問題

人工智能的近期發展是建立在大量的資訊技術應用數據之上，不可避免地涉及個人資訊的合理使用問題，因此對隱私應該有明確且可操作的定義。人工智能技術的發展也讓侵犯個人隱私的行為更為便利，因此相關法律和標準應該為個人隱私提供更強有力的保護。已有的對隱私信息的管制包括對使用者未明示同意的收集，以及使用者明示同意條件下的個人信息收集兩種類型的處理。人工智能技術的發展對原有的管制框架帶來了新的挑戰，原因是使用者所同意的個人資訊收集範圍不再有確定的界限。利用人工智能技術很容易推導出公民不願意洩露的隱私，例如從公共數據中推導出私人資訊，從個人資訊中推導出和個人有關的其他人員（如朋友、親人、同事）資訊（線上行為、人際關係等）。這類資訊超出了最初個人同意披露的個人資訊範圍。

此外，人工智能技術的發展使得政府對公民個人資料資訊的收集和使用更加便利。大量個人資料資訊能夠幫助政府各個部門更好地瞭解所服務的人群狀態，確保個性化服務的機會和質量。但隨之而來的是，政府部門

和政府工作人員個人不恰當使用個人資料資訊的風險和潛在的危害應當得到足夠的重視。

人工智能語境下的個人資料的獲取和知情同意應該重新進行定義。首先，相關政策、法律和標準應直接對資料的收集和使用進行規範，而不能僅僅徵得資料所有者的同意；其次，應當建立實用、可執行的、適應於不同使用場景的標準流程以供設計者和開發者保護資料來源的隱私；再次，對利用人工智能可能推導出超過公民最初同意披露的資訊的行為應該進行規制。最後，政策、法律和標準對個人數據管理應該採取延伸式保護，鼓勵發展相關技術，探索將演算法工具作為個體在數字和現實世界中的代理人。這種方式使得控制和使用兩者得以共存，因為算法代理人可以根據不同的情況，設定不同的使用權限，同時管理個人同意與拒絕分享的資訊。

以上所涉及的安全、倫理和隱私問題是人工智能發展面臨的挑戰。安全問題是讓技術能夠持續發展的前提。技術的發展給社會信任帶來了風險，如何增加社會信任，讓技術發展遵循倫理要求，特別是保障隱私不會被侵犯是極待解決的問題。為此，需要制定合理的政策、法律、標準基礎，並與國際社會協作。在制定政策、法律和標準時，應當擺脫膚淺的新聞炒作和廣告式的熱點宣傳，必須促進對人工智能技術產品更深層地理解，聚焦這一新技術給社會產生重大利益的同時也帶來的巨大挑戰。作為國際社會的重要成員，中國對保障人工智能技術應用在正確的道路上、基於正確的理由得到健康發展擔負重要的責任。

3.5　中美人工智能技術與產業發展比較

歷史上的每一次技術革命都深刻重塑了全球競爭格局，如蒸汽機時代的英國成為「日不落帝國」，電氣化、信息化時代的美國成為世界超級大國。未來，誰能抓住人工智能新一輪技術革命的歷史機會，就能一躍而上，贏得一個相當長時期的大發展，也是中國不能錯失的戰略機遇。

當前，人工智能全球競賽已經開始，各國政府和企業都在緊鑼密鼓地布局技術研發和行業應用。在這場分秒必爭的競賽中，中國並不落後，甚至在一些領域與美國站在同一起跑線上。

3.5.1　全球人工智能產業結構

對比全球人工智能領先的美國、中國、英國和日本，在演算法、數據和應用等領域，中美已經處於領先地位，特別是在學術研究、高端人才、技術突破、領軍企業、創業投資和產業應用落地等關鍵環節上，已顯現出中美「雙寡頭」的格局。對比人工智能對四個經濟體在效益提升上的能力，中美將是巨大的獲益方，這也使得兩者在 2035 年還能保持較快的經濟增速。

綜合來看，美國總體上比中國領先。中國呈快速追趕的態勢，且在特定領域開始顯現出競爭實力，部分指標與美國站在同一起跑線上。中國擁有全球最多的互聯網用戶、最活躍的數據生產主體，在數據總量上具有比較優勢。中國在計算機視覺、語音識別等領域的演算法具備了與美國競爭的實力。此外，中國有更多的人工智能相關專業的大學生，在人才供給上更具潛力。中國具備更快速的商業應用開發能力，讓中國未來有機會在應用上走得更快。

3.5.2　中美人工智能博弈

1. 人工智能發展指數

為了更清晰地對比中美人工智能的發展水準，通過政策梳理、產業調研、數據分析和深度訪談，從人工智能發展的「核心」和「環境」兩大類要素入手，提出衡量人工智能發展的指數標準。如圖 3-9 所示。

（1）發展指數涵蓋四項核心要素和四項環境要素

核心要素，是人工智能區別於其他新興產業的獨特性要素，也是人工智能發展的關鍵性需求，包括：演算法、數據、應用、人工智能平臺。

環境要素，是支撐人工智能發展的要素，也是各類新興產業發展過程中共需的支撐要素，包括：政策、人才、投資和創業、研發投入。

（2）八大指標

在八大指標下，進一步細分了二級指標，如演算法指標，主要從 AI 技術榜單和國際競賽成績兩個維度來衡量。最後根據專家評分，從八大指標維度對兩國人工智能的發展水準進行評估。

（3）中美對比

2002—2017 年，中國和美國在人工智能領域研究成果的差別正在逐漸縮小，甚至在某些方面，已經出現了中國超越美國的情況。這與中國政府

演算法
- AI技術榜單
- 國際競賽成績

政策
- 國家級戰略
- 重點領域政策

數據
- 數據總量
- 數據開放度

人才
- 人才數量
- 論文數量
- 10年以上專家數量
- 畢業生人數

應用
- 市場規模
- 市場增速

投資和創業
- 投融資規模
- 投資次數
- 初創企業數量

人工智能平臺
- 開發者數量
- 平臺豐富度

研發投入
- 科研經費投入
- 研發投入比重

圖 3-9　四項核心要素和四項環境要素

在人工智能領域的大力投入不無關係。近期，美國政府發表預算案，表明將削減一直為人工智能研究提供支援的多個政府機構的資金。而中國政府正在投入大筆的資金支持人工智能的發展。這些資金將用於資助登月項目、創業公司和學術研究等方面，進一步提升中國在人工智能領域高速的發展。

2. 頂層設計

中美兩國政府都把人工智能當作未來經濟社會發展的主導性戰略性產業，推出發展戰略規劃，從國家戰略層面進行整體推進。美國和中國都在國家層面建立了相對完整的研發促進機制，協同推進人工智能發展。美國人工智能報告體現了美國政府對新時代維持自身領先優勢的戰略導向。作為最大的發展中國家，中國也在戰略引導和項目實施上做了整體規劃和部署。

（1）美國

美國一直注重人工智能研發，最近幾年步伐加快。早在 2013 年財政年度，美國政府便將 22 億美元的國家預算投入先進製造業，國家機器人計劃是其中的投入重點之一。2013 年 4 月，美國政府啓動創新神經技術腦研究計劃，計劃 10 年投入 45 億美元。

2015 年，美國政府對人工智能相關技術的未分類研發投資約為 11 億美元。預測顯示，2016 年相關投入將增長到 12 億美元（摘自《美國國家人工

智能研究與發展戰略規劃》)。

2016 年 5 月，白宮成立人工智能和機器學習委員會，協調美國各界在人工智能領域的行動，探討制定人工智能相關政策和法律；同年 10 月，奧巴馬政府時期總統辦公室發布《為了人工智能的未來做好準備》(Preparing for the Future of Artificial Intelligence) 和《美國國家人工智能研究與發展戰略規劃》(National Artificial Intelligence Research and Development Strategic Plan) 的文件，將人工智能上升到美國國家戰略高度，為美國人工智能的發展制訂了宏偉計劃和發展藍圖。確定了有關人工智能發展的 7 項長期戰略：①投資研發戰略：長期投資人工智能研發領域。②人機互動戰略：開發人機工作的有效方法。③社會影響戰略：理解和應對人工智能帶來的法律、倫理和社會經濟等問題。④安全戰略：確保人工智能驅動系統的可靠性和安全性。⑤開放戰略：為人工智能培訓和測試開發共享公共數據集與環境。⑥標準戰略：建立評估人工智能技術的標準、評估人工智能的技術。⑦人力資源戰略：深入瞭解國家人工智能研發人才需求。

2016 年 12 月，白宮發布了一份關於《人工智能、自動化和經濟》(Artificial Intelligence, Automation, and the Economy) 的報告。報告討論了人工智能驅動的自動化對經濟預期的影響，並描述了提升人工智能益處並減少其成本的廣泛戰略。報告指出，應對人工智能驅動的自動化經濟將是後續政府要面臨的重大政策挑戰，應該通過政策激勵釋放企業和工人的創造潛力，確保美國在人工智能的研發和應用中保持領先。

(2) 中國

近年來，中國政府對人工智能的重視程度不斷提高，持續從各方面支持和促進人工智能發展。從政策層面來看，主要事件如下：

2015 年 7 月，「人工智能」被寫入《國務院關於積極推進「互聯網+」行動的指導意見》，將其列為了「互聯網+」戰略的一部分。

2016 年 3 月，「人工智能」一詞被寫入國家「十三五」規劃綱要。

2016 年 5 月 23 日，國家印發了《「互聯網+」人工智能三年行動實施方案》。從科技研發、應用推廣和產業發展等方面提出了一系列措施。提出將支援人工智能領域的芯片、感測器、操作系統、存儲系統、高端服務器、關鍵網路設備、網路安全技術設備、中介軟體等基礎軟硬體技術開發，支援開源軟硬體平臺及生態建設。

2016 年年底，《「十三五」國家科技創新規劃》和《「十三五」國家戰略性新興產業發展規劃》都把發展「人工智能」作為一項重點內容。

2017 年 3 月 5 日，國務院總理李克強在十二屆全國人大五次會議上做

政府工作報告時表示，要「全面實施戰略性新興產業發展規劃，加快新材料、人工智能、積體電路、生物製藥、第五代行動通信等技術研發和轉化」，這是「人工智能」首次出現在政府工作報告中。

2017年3月，科技部在「科技創新2030—重大項目」中新增的人工智能2.0」，人工智能進一步上升為國家戰略。

2017年7月，國務院印發《新一代人工智能發展規劃的通知》，從國家層面對人工智能進行系統布局，部署構築中國人工智能發展的優勢，加快建設創新型國家和世界科技強國。提出六個方面重點任務：一是構建開放協同的人工智能科技創新體系，從前沿基礎理論、關鍵共性技術、創新平臺、高端人才隊伍等方面強化部署。二是培育高端高效的智能經濟，發展人工智能新興產業，推進產業智能化升級，打造人工智能創新高地。三是建設安全便捷的智能社會，發展高效智能服務，提高社會治理智能化水準，利用人工智能提升公共安全保障能力，促進社會交往的共享互信。四是加強人工智能領域軍民融合，促進人工智能技術軍民雙向轉化、軍民創新資源共建共享。五是構建安全、高效的智能化基礎設施體系，加強網路、大數據、高效能計算等基礎設施的建設升級。六是前瞻布局重大科技項目，針對新一代人工智能特有的重大基礎理論和共性關鍵技術瓶頸，加強整體統籌，形成以新一代人工智能重大科技專案為核心、統籌當前和未來研發任務布局的人工智能專案群。

3. 企業數量

從全球範圍來看，人工智能領先的國家主要有美國、中國。截至2017年6月底，全球人工智能企業總數達到2,542家，其中美國擁有1,078家，占比42%；中國其次，擁有592家，占比23%。中美兩國相差486家。其餘872家企業分布在瑞典、新加坡、日本、英國、澳洲、以色列、印度等國家。如圖3-10所示。

4. 產業布局

美國AI產業布局全面領先，在基礎層、技術層和應用層，尤其是在演算法、芯片和數據等產業核心領域，累積了強大的技術創新優勢，各層級企業數量全面領先中國。相比較而言，中國在基礎元件、基礎工藝等方面差距較大。

從基礎層的芯片企業數量來看，中國擁有14家，美國擁有33家，中國為美國的42%。

而技術層，中國擁有273家，美國擁有586家，中國為美國的46%。

在應用層，中國擁有304家公司，美國擁有488家，中國是美

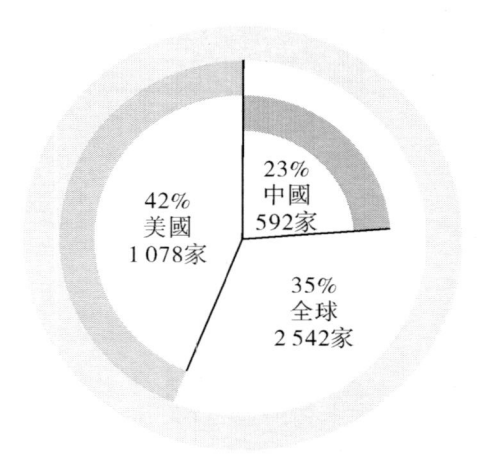

图 3-10　中美智能初創企業總量占全球比

國 62.3%。

5. 演算法

美國在 MIT 榜單上總體領先，中國在演算法上取得了一些突破，如 2016 年和 2017 年，已經有百度、阿里巴巴、中科院、科大訊飛上榜。中國在計算機視覺領域開始顯現競爭實力，如海康威視、商湯科技、公安部三所、南京信息工程大學、香港中文大學獲得了 2016 年 ILSVRC 的五個項目第一，如圖 3-11 所示。

圖 3-11　中美演算法領域概況

6. 數據

2016 年，美國數據資源總量全球占比 35%，預計 2030 年占比 29%。2016 年，中國數據資源總量全球占比為 21%，預計 2030 年占比 30%。美國

在政府數據開放的全球排名為第8。美國數據的特點是行業資訊化程度更高，累積了大量高質量的行業數據。

中國在政府數據開放全球排名為第93。中國數據的特點是擁有7.31億網民，全球居首，累積了海量用戶行為數據。預計到2030年，中國數據總量占比將有望取代美國，成為全球第一。但是在數據開放、制定數據共享標準等方面，中國仍有一定差距。如果中國政府能更有效地開放數據，將加快趕超美國數據總量的速度，促進更多的人工智能創新應用落地。另外，中國的B端（商業端）數據不如美國豐富，但在C端（消費者端）數據量上比美國更具優勢。

2016年，美國人工智能市場規模達到562億元，增速18.1%。2016年中國人工智能市場規模達到103.5億元，增速24.2%。[①]

7. AI平臺對比

美國互聯網巨頭在人工智能領域累積深厚，Google、亞馬遜等主要廠商均推出了各自的人工智能平臺。中國的人工智能平臺也是互聯網企業主導的。深度學習開源平臺以百度PaddlePaddle為代表，其他平臺多為雲平臺、語音或圖像等垂直應用平臺。

在企業端，微軟、谷歌（Google）、亞馬遜、Facebook、IBM等科技巨頭均把人工智能作為未來的重要戰略方向，加大研發投入。例如亞馬遜投入163億美元，占營收12%；IBM投入8.3億美元，占營收3.8%。

中國雖然與美國有差距，但國內領先企業對AI研發投入不斷增加，加快追趕的步伐，代表企業有百度、華為、科大訊飛等。2016年，百度研發投入達101.5億元，占營收14.3%，投入規模居中國首位。科大訊飛投入8.3億元，占營收25%。

政府方面，NSF（美國國家科學基金會）對人工智能研究大力支持。截至2016年，資助總金額超過9.12億美元。中國尚未有統一的人工智能扶持基金，僅在部分科技計劃中有所涉及。可見，在企業端，中美兩國企業都把人工智能作為未來戰略方向，雖然中國企業正在努力追趕，但與美國企業投入的絕對數額相比，差距仍然較大。

美國在芯片、硬件以及醫療、金融、智能駕駛等垂直應用領域的人工智能的投資規模明顯大於中國。中國人工智能領域72%的被投資企業屬於應用類企業；從技術領域來看，機器視覺方面的公司超過50%。在全球最值得關注的100家人工智能企業中，美國占59家，中國占27家，如表3-10

---

① 註：統計口徑不含智能硬件及機器人。

3 人工智能技術進步與產業發展及趨勢

所示。

表 3-10　　　　　　　　　　中美 AI 平臺概況

名稱 AI 平臺	中國					美國				
	百度	阿里巴巴	騰訊	科大訊飛	Face++	Google	Amazon	IBM	Micosoft	Facebook
深度學習開源平臺	PaddlePaddle		DI-X 深度學習平臺			Tensor Flow	MXnet	SystemML	開源深度學習工具（CNTK）	開源基於 torch 的深度學習工具、Caffe2、Big Sur 硬件架構
雲平臺	天智、天算、天工、天像	DTPAI，阿里雲	騰訊雲			Google Cloud	AWS	Bluemix	Azure	
語音平臺	百度大腦（識別、語音合成、語音喚醒）、Duer OS 度秘	阿里雲（語音識別與合成、人機對話）	騰訊雲 AI 提供即時語音識別	訊飛開放平臺（語音識別）		Google Assistant	Alexa	Watson（Speech to text）	Cortana	Deep Text（自然語言理解）
圖像平臺	百度大腦（文字識別、人臉識別、圖像審核）	支付寶人臉識別支付	騰訊優圖深度學習圖像識別	訊飛開放平臺（人臉識別、文字識別）	曠視人工智能開放平臺（人臉識別、文字識別）	Cloud Vision API	Recognition	Watson（Visual Recognition）	Azure（Face API）	DeepMask、SharpMask、Multipath-net

8. 人才隊伍

美國人工智能產業人才的總量約是中國的兩倍。美國 1,078 家人工智能企業約有 78,000 名人工智能員工，中國 592 家公司中約有 39,000 名員工，約為美國的 50%。如圖 3-12 所示。

美國基礎層人才數量是中國的 13.8 倍。美國團隊人數在處理器/芯片、機器學習應用、自然語言處理、智能無人機等四大熱點領域全面壓制中國。

在研究領域，近年來中國在人工智能領域的論文和專利數量保持高速增長，已進入第一梯隊。

9. 應用場景對比

基於用戶群體對新應用的接受度、未來潛在市場的需求空間、新產品供給能力等方面的綜合考量，國內知名諮詢公司——賽迪顧問選擇了無人駕駛、人臉識別、智能助理等 10 類人工智能主流應用。通過對比中美技術水準、商業應用、產業政策、社會文化等多方面因素，繪製中美人工智能應用落地的路線圖。可以預見，未來中美在演進路線上將呈現不同的發展時序。如圖 3-13 和表 3-2 所示。

```
        78,700
         ┌─┐
         │ │
         │ │          39,200
         │ │           ┌─┐
         │ │           │ │
         │ │           │ │
         └─┘           └─┘
         美國          中國
```

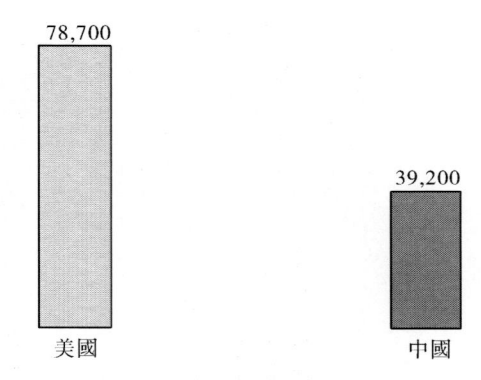

圖 3-12　中美人工智能團隊人數總數對比（單位：人）

中國　　　　　　　　　　　　　　美國

無人駕駛
銷量達到
100萬輛

人臉識別
滲透率達到
50%

智能紅綠燈
城市覆蓋率
達到30%

智能助理
日活用戶
占比達到30%

智能家居
家庭滲透率
達到30%

智能投顧
滲透率
達到10%

智能輔診
醫療機構使用
率達到30%

精準醫療
患者使用率
達到40%

智能工廠
普及率
達到30%

人工智能芯片
產品滲透率
達到30%

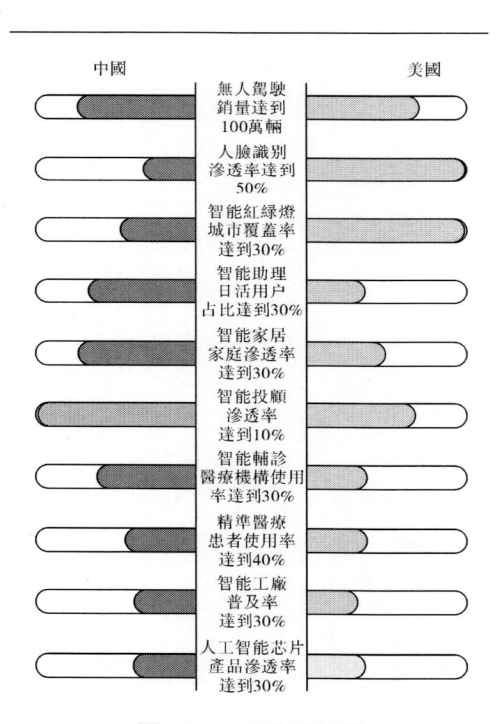

圖 3-13　中美路線圖

表 3-2　　　　　　　　中美在人工智能十大領域的典型企業

典型企業	中國	美國
無人駕駛	百度、馭勢、北汽、長安	Google、Uber、Tesla
人臉識別	百度、Sensetime、Face＋＋（曠視）	Google、Microsoft
ITS	海康威視、百度、阿里巴巴	Google、Luminator Tech Group、Lytx
智能助理	度秘、阿里小蜜、騰訊叮噹	Apple Siri、Alexa、Google Assistant
智能家居	海爾、格力、小米	Google、Amazon、Sonos
智能投顧	百度、螞蟻金服、投米	Betterment、Wealthfront、Vanguard
智能輔診	百度、推想科技、iCarbonx（碳雲）	IBM
精準醫療	華大基因、達安基因、迪安診所	Intellia、SQZ BIOTECH
智能工廠	美的、三一、徐工	GE、Honeywell、Emerson
人工智能芯片	百度、阿里平頭哥	NVIDIA、IBM、Google、Intel

4
人工智能技術進步對經濟增長的影響

4.1 研究對象和概念界定

4.1.1 技術

在日常生活中，技術是一個使用頻率比較高的詞彙。提到「什麼是技術」這個具體問題時，答案可能千差萬別。時代不同，技術的表現形式有較大差異，這在很大程度上影響著人們對技術的評判。從技術的界定方式來看，大體可以分為一個「屬」詞、兩個「屬」詞和多個「屬」詞等三種類型。當然，技術的範疇也是由窄到寬。從現有的文獻資料來看，關於「技術」的概念界定多達數十種。

1. 技術的定義

技術一詞由來已久。在中國，「技術」最早出現在司馬遷的《史記》中。在西方，技術（Technology）一詞源於古希臘語 Techne 和 Logos。時代不同，人們對技術的認知也不同。在古代，由於生產工具比較簡陋，生產工藝主要由人掌控，對技術的界定也就著重突出人的主導地位。因此，技術是指個人的技能、技藝、手藝，在勞動過程中表現為一定的操作程序、方法或特殊工具。

伴隨著工業革命的發生，各種生產工具被廣泛應用於生產過程，勞動所需要的諸多技藝被物化在機器上，勞動的重心逐漸從「人」轉移到「機器」。技術範疇隨之發生變化，如《辭海》中關於技術的解釋：除操作技能外，還包括相應的生產工具和其他物資設備，以及生產的工藝過程或作業程序、方法。在信息時代到來的今天，生產過程將再次發生重大變化，生

產過程越來越依賴於控制各種機器的程序和方法。如此一來，技術範疇也有了進一步的拓展，技術是指人類利用科學知識改造自然的一切手段的總和。由此可見，隨著時代的發展，技術的範疇越來越廣。

另外，不同學科對技術的界定也不同。在經濟學中，技術的概念界定通常有廣義和狹義之分。狹義的技術主要指操作技能、生產工具和作業程序等；廣義的還包括組織管理等內容。在近些年的文獻資料中，還出現另一種比較形象的分類：硬技術（Hard Technologies）和軟技術（Soft Technologies）。前者指為了生產和發展，人們用來改變、適應和管理自然的技能、工具和規則等，主要來自自然科學知識。後者主要來自社會科學、非自然科學和非科學知識，表現為兩大特徵：一是為了解決問題而形成的方式、規則等，二是為經濟發展提供服務。本研究中的技術主要是指生產工具、機器設備以及控制程式、軟體、數據等，屬於狹義的技術。

2. 技術的本質

探尋技術本質，可以從一個最基本的問題開始，即為什麼會出現技術？

在人類社會早期階段，人們主要通過自然器官從自然界獲取生產生活資料，在勞動過程中難免會出現力不能及的情況。為了克服種種障礙，人們開始有意識地使用一些工具，這就是「技術」的最初形態。由此可見，技術是人類與自然界之間的一種介質，是人體器官的延長。漢斯·薩克塞（1991）也認為，技術能夠幫助人們更好地完成某種活動，如用火燒製食物以助消化，用機械工具減輕體力消耗等，是人類器官的功能完善。「在這個意義上，一切技術都可以理解為提高我們的自然器官的功能和減輕負擔。」在人們征服和改造自然的過程中，技術越來越先進，其表現形態也越來越豐富，但最終目的都是為了更好地服務人類，將人們人類從繁重的勞動中解放出來。

可以得出一個結論，技術作為人類改革自然的一種力量和手段，其本質就是為了「實現人在人與自然關係中的充分自由」。

4.1.2　技術進步

技術進步（Technological Progress / Technical Progress）分為狹義技術進步與廣義技術進步。

狹義上的技術進步主要是指生產工藝、中間投入品以及製造技能等方面的革新和改進。具體表現為對舊設備的改造和採用新設備改進舊工藝，採用新工藝、使用新的原材料和能源對原有產品進行改進，研究、開發新

產品，提高工人的勞動技能等。

從廣義上講，技術進步是指技術所涵蓋的各種形式知識的累積與改進。在開放經濟中，技術進步的途徑主要包括三個方面，即技術創新、技術擴散、技術轉移與引進。對發展中國家來說，工業化的趕超就是技術的趕超。

在討論技術進步時，通常還會提到幾個相關概念：技術變遷和技術變革。技術進步是本研究的關鍵概念之一。技術變革是指事物的發展變化，反應一種動態的變化趨勢，是技術發展對社會的積極影響。顧名思義，技術變遷就是技術在不同生產力階段的發展變化。而技術變革是指具體的技術改進過程，反應的是新的生產設備和工藝流程的使用。任何事物的發展變化都有兩面性，會對社會、經濟發展產生有利或不利的影響。技術變革亦是如此，對客觀世界既可能產生有利影響也可能產生不利影響，既可能表現為技術進步也可能表現為技術退化。總的來說，技術變革和技術進步都會導致勞動等要素生產率的相對變化，引起生產函數變化與生產可能性曲線移動。

4.1.3　人工智能技術賦能

「賦能」（Empowerment）最早是積極心理學中的一個名詞，旨在通過言行、態度、環境的改變給予他人正能量。顧名思義，施予方為對方或某個主體賦予其某種原來不具備的能力和能量。它後來被廣泛應用於商業和管理學，現在被應用於互聯網和人工智能技術。

人工智能技術賦能（AI Empowerment），是指施予者使用人工智能技術為對方或某個主體賦予智能、智慧能力和能量的行為過程。

4.2　經濟增長的驅動因素理論

經濟增長、勞動就業、收入分配是宏觀經濟運行的三大指標，他們之間的相互關係也是經濟學研究的核心內容。在過去的150年裡，人類的生產力發展和經濟增長都是由技術進步推動的，從最早的蒸汽機到馬達，直到現在的人工智能成為未來經濟增長的動力。20世紀90年代，美國在信息技術革命和全球產業大轉移的帶動下，經濟保持年均4%~5%的高增長率，並實現了2%~3%的低通貨膨脹率，基本實現了充分就業和財政預算平衡，實現了保持10年之久的「新經濟」，這也是在各種內生經濟增長的驅動因

素相互作用下實現的。經濟增長是各國宏觀經濟政策的核心目標,但是實現長期、穩定和高速的經濟增長很難。分析持續高速的經濟增長的實現機制以及其影響因素,是現代宏觀經濟學理論一直不斷探索的主題。

4.2.1 技術進步驅動經濟增長的方法論綜述

由於技術進步和人力資本累積是經濟增長的兩個重要源泉,很多學者構建模型把這兩個因素內生化於同一模型之中進行分析。內生經濟增長理論揭示了一國經濟實現長期穩定增長的內在機制,其中人力資本累積和技術進步起到了關鍵性作用。人力資本外部性模型(Uzawa,1965;Lucas,1988;Azariadis & Drazen,1990;Marshall,1961;Acemoglu,1996)和內生技術變遷模型(Romer,1990;Grossman & Helpman,1991;Aghion & Howitt,1992;Gancia & Zilibotti,2005)分別研究了這兩大內生經濟增長的驅動因素。

Acemoglu 首先在內生經濟增長框架下研究了這一問題。Acemoglu(1998)在內生技術變遷的經濟增長模型之中同時內生化了技術變遷的相對選擇方向,認為價格效應和市場規模效應是影響偏向性的主要因素,兩者分別導致技術創新偏向於稀缺要素和豐富要素,而要素的替代彈性則衡量了這兩種效應的大小。如果要素替代彈性足夠大,要素的相對邊際生產力(即相對需求)會呈現上升趨勢。L. C. Arnold(1998)、M. Funke 和 H. Strulik(2000)、A. B. Reis 和 T. N. Sequeira(2007)等,分別構建了同時內生化技術進步和人力資本累積的模型,技術進步和人力資本累積同時推動經濟增長,形成內生經濟增長的雙重驅動力。通過數值模擬可知,雙重或多重驅動力的內生增長模型的增長率比單一驅動力的模型的增長率更高,這也就是經濟政策中常說的形成了新的經濟增長點。Jones(2005)認為總量生產函數是現有技術知識的外包絡線,因而生產函數的形狀由技術知識的分布決定的。

當技術知識服從 Paret 分布時,總量生產函數為 Cobb-Douglas 型,並且長期技術變遷為勞動擴大型。近期研究表明,技術變遷對人力資本累積具有負向效應。Galor 和 Moav(2002)首先引入了「侵蝕效應」,表明學習新技術所需時間隨著教育水準的提高而遞減,並且隨著技術進步率的提高而遞增,因而,勞動的潛在有效單位會由於從現有的技術狀態轉移到更高級的技術水準而遞減。Kumar(2003)提出了一個簡單的開放經濟模型表明開放度的提高會促進技術進步並提高實際利率,但同時也會引起教育水準的

降低。Galor（2005）揭示了技術進步降低了現有的人力資本對新技術環境的適應性，而提高教育水準可以減輕技術變遷對人力資本累積的負向效應。Reis 和 Sequeira（2007）在一個創新和人力資本同時內生化的經濟增長模型中刻畫了這一「侵蝕效應」，並且發現這一經濟扭曲可能會足夠強大以至於其不但可以抵消掉通常的技術溢出效應和專業化報酬，而且可以導致 R＆D 的過度投資。

在歷史上，自動化進步的同時，資本收入份額和人均 GDP 增速大致保持穩定，人工智能可以在有限時間內實現快速自我改進，創造「奇異點」，產生無限的機器智能，並促進經濟增長（Good，1965；Vinge，1993；Kurzweil，2005）。還有學者從經濟學角度出發對這一奇異點的前景做了概述和討論（Nordhaus，2015）。

4.2.2　人工智能下的勞動力市場均衡

1. 勞動力市場一般均衡

在完全競爭經濟條件下，企業追求利潤最大化，企業的勞動力需求曲線就是勞動的邊際產品曲線，是逐漸遞減的，而社會勞動力需求是所有企業勞動力需求的相加，因此，勞動力需求是工資率的減函數，即 $L^s = f(W)$，其中 $f'(w) < 0$，如圖 4-1 所示。

將供給曲線和需求曲線描述在同一圖形上，即可得到勞動力市場均衡的形成（見圖 3-1）。L^s 為勞動力供給曲線，L^d 為勞動力需求曲線，橫軸為就業量，以 L 表示，縱軸為工資率，以 W 表示。對應於每一種工資水準，都有與其相應的勞動力供給量與需求量。勞動力需求曲線和勞動力供給曲線相交於 E 點，此時勞動力的工資率等於 W^0，勞動力資源配置處於帕累托最優狀態。

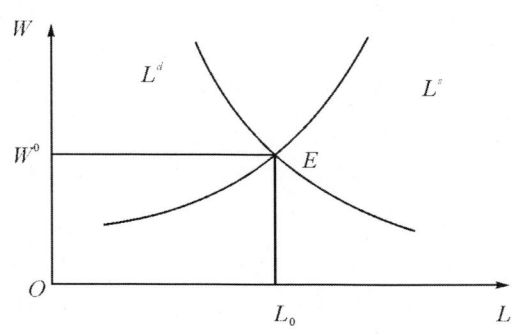

圖 4-1　勞動力市場的一般均衡

2. 技術進步下的勞動力市場均衡

通過引入技術進步因素來考察技術進步與就業率的四個關於工資與一般價格水準的模型。

模型1：凱恩斯模型（Keynesian Model）。

假定工資率在一定範圍內是固定不變的，我們將其表述為：

$$w = \bar{w}$$

另外，假設勞動在短期內是唯一的生產要素，並且單位勞動的產出隨勞動投入的增加是遞減的，用公式可表達為：

$Y = F(L)$，$F^{i}(?) > 0$，$F^{ii}(?) < 0$

作為生產函數，$F(L)$ 被假定為：$F(L) = Af(L)$，其中 A 是技術因子。

我們再假定勞動力市場是完全競爭的，因此邊際勞動產出產品等於工資率，也就是：

$$Y' = F'(L) = AF^{i}(L) = \frac{W}{P}$$

現假設在某一時點發生技術進步，也就是技術因子 A 突然增大，所以要使等式在各個水準的 $\frac{W}{P}$ 值下依然成立，$F'(L)$ 必須變小，由於 $F^{i}(?) > 0$，所投入勞動 L 必須上升。在圖4-2所示中，這表現為 L^D 向右移動為 L_1^D。

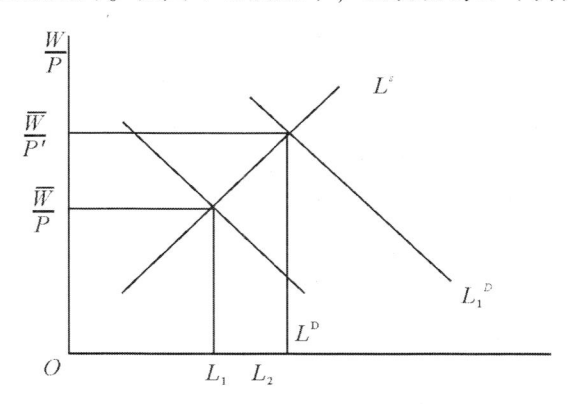

圖4-2　考慮技術進步的勞動變動

L_1 是技術進步發生以前勞動市場的均衡就業數量，L_2 是技術進步發生以後勞動市場的均衡就業數量。顯然，$L_2 > L_1$。這也就是說，在勞動力總量不變的情況下技術進步提高了就業率，實際上就是失業率下降。

模型2：假設可調整的工資率、黏性的一般價格水準和完全競爭的勞動

力市場。

在該模型中，假定勞動市場是充分競爭的，也就是說一般工資水準是可變的；同時，假定商品市場存在價格黏性，也就是 $P = \bar{P}$。

我們同時假定勞動力供給曲線是向上傾斜的：

$$L = L^s\left(\frac{W}{P}\right), \quad L^{s'}(?) > 0$$

如模型 1 中一樣，勞動與產出之間存在生產函數：$Y = F(L) = Af(L)$

同時 $F^i(?) > 0$，$F^{ii}(?) < 0$。廠商會一直擴大生產至一般價格水準下，實際工資率等於邊際勞動成本的臨界點，我們用 Y^J 表示這一產出水準。現假設技術進步突然發生，也就是 A 突然變大，要使 $Y' = F'(L) = AF^i(L) = \frac{W}{P}$ 依然成立，L 必須變大，同時 Y^{MAX} 變大為 Y'^{MAX}，如圖 4-3 所示。圖 4-4 中，$F^{-1}(Y)$ 向右平移為 $F^{-1}(Y')$。在圖 4-4 中，向右下方傾斜的曲線部分為有效勞動力需求曲線，表示實際工資率很高，以至於廠商按照勞動邊際產出等於實際工資率來滿足消費者需求。圖 4-4 中第一次的均衡點為 E，技術進步發生之後，新的均衡點為 E'。顯然：

$$F^{-1}(Y') > F^{-1}(Y)$$

所以當勞動力總量不變時就業率上升，失業率下降。

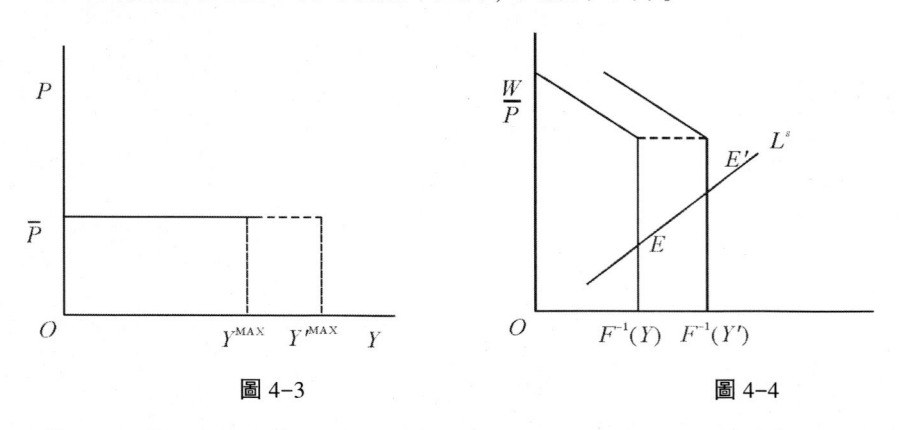

圖 4-3

圖 4-4

模型 3：假設黏性的價格水準，靈活的工資率和勞動力市場的不完全性。

首先假設廠商具有真實工資函數：

$$\frac{w}{P} = w(L), \quad w'(L) \geq 0$$

生產函數仍然為：

$$Y = F(L) = AF(L)$$

由於具有價格黏性,故 $P = \bar{P}$。

圖 4-5

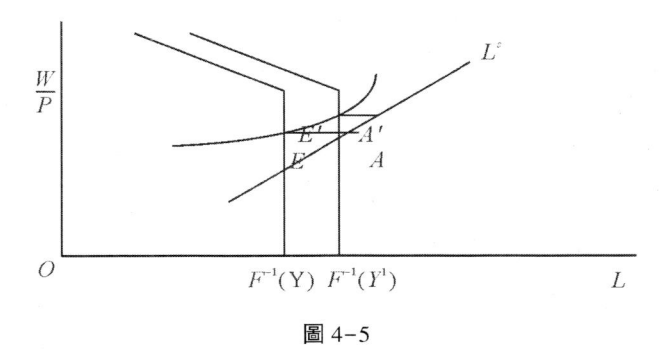

圖 4-5 中,向右上方彎曲的曲線為 $w(L)$ 曲線,EA 是技術進步發生以前的失業數量。技術進步衝擊使得有效勞動力需求曲線右移,這樣,$E'A'$ 便是技術進步發生以後新的失業數量,由於曲線 $w(L)$ 向上傾斜且以 L^s 曲線為漸進線,所以 $E'A'<EA$,也就是說,技術進步使得失業數量下降,就業率上升。

模型 4:假設黏性的工資率、靈活的一般價格水準和非完全競爭的商品市場。

假設工資率具有粘性,所以 $W = \bar{W}$。

生產函數仍為:

$$Y = F(L) = AF(L)$$

同時,假定商品市場是非完全競爭,這樣,一般價格水準等於邊際勞動成本乘以利潤率,即:

$$P = \mu(L) \frac{W}{F(L)}$$

其 $\mu(L)$ 是邊際利潤率。

該表達式還可寫成:

$$\frac{\bar{W}}{P} = \frac{F'(L)}{\mu(L)} = \frac{AF'(L)}{\mu(L)}$$

當技術進步,A 變大時,$\frac{F'(L)}{\mu(L)}$ 曲線移動如圖 4-6 所示。

圖 4-6 中,向右下方傾斜的兩條曲線為技術進步前後的 $\frac{F'(L)}{\mu(L)}$ 曲線,其中 $\mu(L)$ 是反週期的,即 $F'(L)$ 與 $\mu(L)$ 反向變動;圖 4-7 中水準的兩條

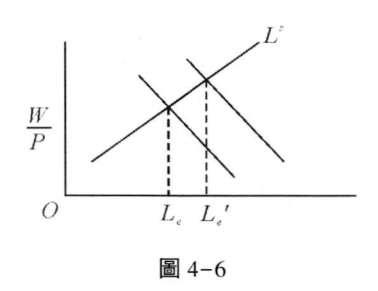

圖 4-6

曲線為技術進步前後的 $\dfrac{F'(L)}{\mu(L)}$ 曲線，$\mu(L)$ 是順週期的，且 $F'(L)$ 與 $\mu(L)$ 同比例變動；圖 4-8 中向右上方傾斜的兩條曲線為技術進步前後的 $\dfrac{F'(L)}{\mu(L)}$ 曲線，$\mu(L)$ 也是順週期的，即 $F'(L)$ 與 $\mu(L)$ 同向變動，且 $\mu(L)$ 比 $F'(L)$ 變動幅度大。

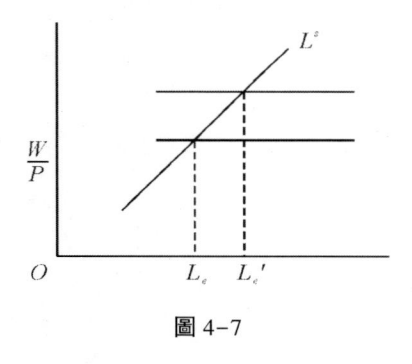

圖 4-7 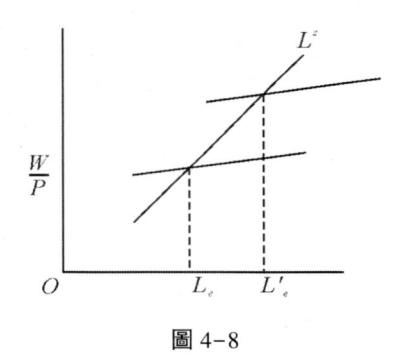　　　　　　　　　圖 4-8

無一例外的，在圖 4-6、圖 4-7、圖 4-8 中，$L'_e > L_e$，也就是說，在勞動力總量不變的情況下，技術進步增大了就業數量，提高了就業率。

在以上嚴格假設條件下，從模型 1 到模型 4 得出一致結論，技術進步使就業率提高，失業率降低。

4.2.3　考慮人工智能生產要素對 CES 生產函數模型的擴展及應用

技術進步在國民經濟發展中的作用越來越被人們所重視，可以認為，根據基本經濟參數來定量地討論技術進步的貢獻是一件極有意義的工作。20 世紀 60 年代初提出的 CES（Constant Elasticity of Substitution）生產函數至今仍被認為是這一領域最成功的成果之一。

生產函數的一般形式為：

$$Y = f(X_1, X_2, \cdots, X_n)$$

其中，X_1，X_2，$\cdots$，X_n 為投入要素，Y 為產出量，n 個投入要素在某種意義下保持 CES 性質的生產函數形式為：

$$Y = A (\delta_1 X_1^{-\rho} + \delta_2 X_2^{-\rho} + \cdots + \delta_m X_m^{-\rho})^{-\mu/\rho}$$

式中各參量意義為：A 為效率係數，$A > 0$；$\delta_i = 1, 2, \cdots, m$ 分別表示技術上各要素的集約程度；μ 代表函數的齊次階數或規模報酬率，$\mu > 0$；ρ 為替代參數，$\rho \geq -1$。A，δ_i，ρ，μ 均為待估參數。

現在，一般的 CES 性質的生產函數形式為：

$$Y = A [\delta_1 (\lambda_1 X_1)^{-\rho} + \delta_2 (\lambda_2 X_2)^{-\rho} + \cdots + \delta_m (\lambda_m X_m)^{-\rho}]^{-\frac{\mu}{\rho}}$$

上式中，新增加的 λ_i 為投入技術要素的增益因素，為常數，實際上 λ_i 受政策、技術水準等影響，具有階段性，因此在本研究中引進虛擬變量，對模型做出修正，使其更符合人工智能技術進步下的實際情況。考慮人工智能作為技術要素的新要素加入 CES 模型，模型修正為：

$$Y = A [\delta_1 (AI_1 X_1)^{-\rho} + \delta_2 (AI_2 X_2)^{-\rho} + \cdots + \delta_m (AI_m X_m)^{-\rho}]^{-\frac{\mu}{\rho}}$$

在上式中，在考慮加入新增加人工智能（AI）為投入要素後，人工智能就變為增益因素了。

我們提出更一般的生產函數模型，引進虛擬變量。虛擬變量是量化了的品質變量，通常取值為 0 或 1。引入虛擬變量可使迴歸模型變得複雜，對問題描述更接近現實，它可以反應國家政策等不同品質屬性類型對因變量的作用，同時提高模型的精度。修正的模型為：

$$Y = A \begin{Bmatrix} \delta_1 [(\alpha_1 D_1 + \alpha_2 D_2 + \cdots + \alpha_k D_k) X_1]^{-\rho} \\ + \delta_1 [(\beta_1 D_1 + \beta_2 D_2 + \cdots + \beta_k D_k) X_2]^{-\rho} \\ + \cdots + \delta_1 [(\gamma_1 D_1 + \gamma_2 D_2 + \cdots + \gamma_k D_k) X_m]^{-\rho} \end{Bmatrix}^{-\frac{\mu}{\rho}}$$

其中 D_i 為不同階段時期的虛擬變量，即

$$D_1 = \begin{cases} 1, & 第1個階段 \\ 0, & 其他 \end{cases} \quad D_2 = \begin{cases} 1, & 第2個階段 \\ 0, & 其他 \end{cases} \cdots\cdots D_k = \begin{cases} 1, & 第k個階段 \\ 0, & 其他 \end{cases}$$

每一階段的時期是國家的每個五年計劃時期，即國家實行不同的政策時期，也可為其他特定時期，如對人工智能制定特定政策時期等。

4.3 人工智能的經濟增長效應

4.3.1 人工智能作為新生產要素驅動的增長

基於傳統經濟學理論，資本（K）和勞動力（L）是推動經濟增長的兩大「生產要素」。當兩個全部或其中之一的投入數量上升，或是被更有效地利用時，便會產生經濟增長。創新和技術進步的經濟增長反應在全要素生產率（Total Factor Productivity，TFP）的提高上。經濟學家認為，新技術通過提高全要素生產率來促進經濟增長。

黨的十九大報告指出，「中國經濟已由高速增長階段轉向高質量發展階段，正處在轉變發展方式、優化經濟結構、轉換增長動力的攻關期」，並且黨的十九大報告提出「以供給側結構性改革為主線，推動經濟發展質量變革、效率變革、動力變革，提高全要素生產率」。「提高全要素生產率」這一概念是首次出現在黨的代表大會報告中。自2014年起，中國政府陸續啟動了一系列國家經濟振興計劃，其中包括「十三五規劃」「中國製造2025」「機器人產業發展規劃」，以及《「互聯網+」人工智能三年行動實施方案》等。人工智能在中國經濟發展中的優先級地位已不言而喻。

備註：▲表示該要素有所變化。

人工智能作為新的生產要素，可以為中國經濟帶來巨大的增長機遇。如圖4-9所示。

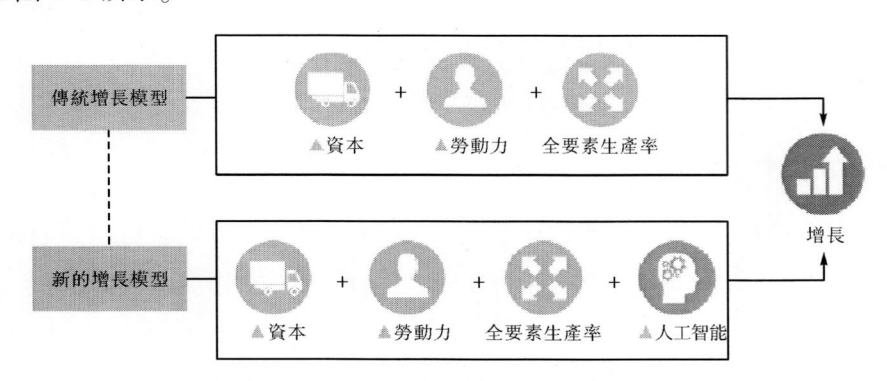

圖4-9 人工智能作為新生產要素的經濟增長模型

如圖4-10所示，我們共研究了三種情境。第一種情境是「一如既往」，

即假設不存在人工智能效應；第二種情境表明，如果維持傳統觀點——人工智能只是全要素生產率的增強因素，其對經濟增長的促進相當有限；第三種情境則凸顯出，當人工智能構成一項新的生產要素，將會產生革命性的影響。事實上，對傳統生產要素的有效補充和顯著增強才是人工智能真正的潛力所在。

圖 4-10　中國經濟增長的三種情境模擬

資料來源：埃森哲和經濟學前沿公司

為了更好地評估人工智能對中國經濟的推動潛力，可以模擬比較中國經濟的兩種增長情形。第一種是基準線情形，顯示了在當前假設下（保持當前技術水準不變，無人工智能影響）的預期年經濟增長率；第二種是人工智能情形，如果人工智能的影響融入經濟當中，則有望出現增長。根據研究，到 2035 年，人工智能將使中國經濟的預期增長率提升 1.6 個百分點。換言之，人工智能情境下的年增長水準接近 8%，而基準線情形下僅為 6.3%。這意味著，人工智能將為該年的經濟總增加值在原有基礎上額外貢獻 7.1 萬億美元。

2016 年，中國人工智能市場規模達到 239 億元，其中，智能硬件平臺為 152.5 億元，占比達到 63.8%，高於 86.5 億元的軟體集成平臺。隨著《「互聯網+」人工智能三年行動實施方案》的發布和國家對製造業的高度重視。

預計到 2020 年，國內人工智能市場規模將達到 700 億元，形成百億美元級別市場，預計到 2030 年，形成千億美元級市場規模。

4.3.2 人工智能對全球經濟影響的預測

2018 年 9 月，麥肯錫（MGI）發布報告《人工智能對全球經濟影響的模擬計算》（Notes from the frontier：Modeling the Impact of AI on the World Economy），認為人工智能有可能顯著提高整體經濟生產力。即使考慮到轉型成本和競爭效應，到 2030 年，它也可能使總產量增加約 13 萬億美元，並使全球 GDP 每年增加約 1.2%。這種影響堪比 19 世紀的蒸汽動力、20 世紀的工業製造和 21 世紀的資訊技術對世界經濟的影響。

4.3.3 人工智能推動中國 GDP 增長的預測

國際知名管理諮詢機構埃森哲 2017 年在大連夏季達佛斯開幕前發布《人工智能：助力中國經濟增長》。基於埃森哲的分析與建模，一旦人工智能被作為一種新的生產要素參與生產過程，可以顯著地提升中國經濟未來的預期增長率。報告預測，人工智能到 2035 年有望拉動中國經濟年增長率從 2017 年的 6.3% 提速至 7.9%。

該研究將 2035 年的中國經濟規模作為基準情境，與人工智能效應情境加以對比發現，作為全新的生產要素，人工智能有潛力將 2035 年的中國經濟總增加值提升至 7.111 萬億美元。報告認為，得益於人工智能幫助員工更有效地利用時間，到 2035 年，人工智能有望推動中國勞動生產率提高 27%。研究進一步解讀了人工智能對中國 15 個行業可能帶來的經濟影響。研究顯示，製造業、農林漁業、批發和零售業將成為從人工智能應用中獲益最多的三個行業。到 2035 年，人工智能將推動這三大行業的年增長率分別提升 2%、1.8% 和 1.7%。如圖 4-11 所示。

從經濟總增加值角度看，到 2035 年，人工智能使中國的經濟年增長提高 1.6 個百分點。人工智能作為全要素參與生產，使中國經濟增長面臨前所未有的價值創造的機遇。人工智能有望使中國年經濟增長率上升 1.6 個百分點，顯著扭轉近年來經濟增率放緩的趨勢。

2015 年，全球人工智能市場規模達到 1,684 億元，2018 年達到 2,697 億元，複合增長率達到 17%；預計到 2020 年，全球人工智能市場規模將達到 6,800 億元，形成千億美元級別市場。如圖 4-12 所示。

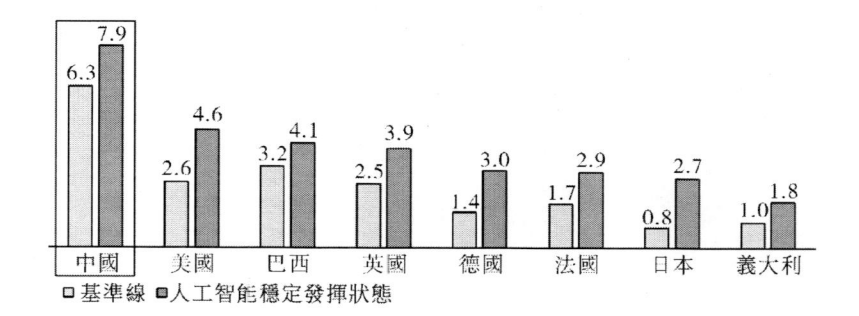

图 4-11　預測 2035 年中國實際經濟總增加值增速（單位：%）
資料來源：埃森哲和經濟學前沿公司

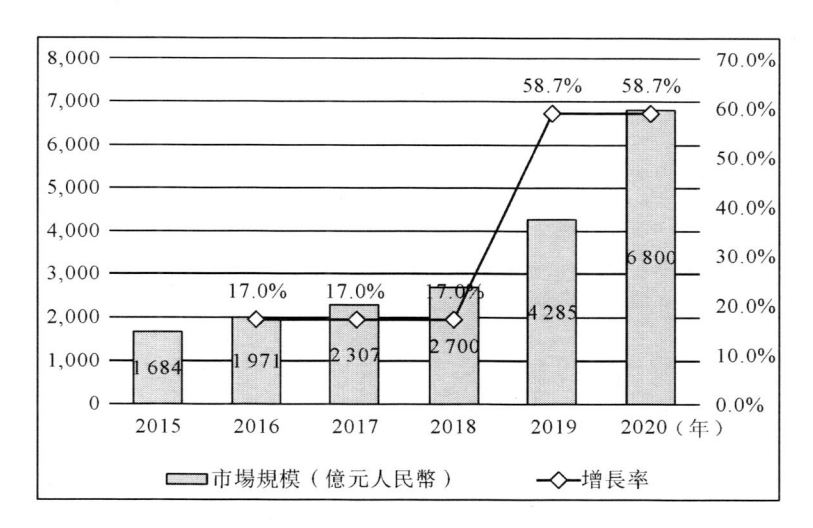

圖 4-12　2015—2020 年全球人工智能市場規模及增長率
數據來源：根據公開資料整理

4.3.4　人工智能驅動經濟增長的內涵

1. 提升全員勞動生產率

到 2035 年，人工智能將使中國的勞動生產率提升 27%。這一效率的提升不是由於工作時間的延長，而是通過創新技術使人們更有效地利用時間。如圖 4-13 所示。

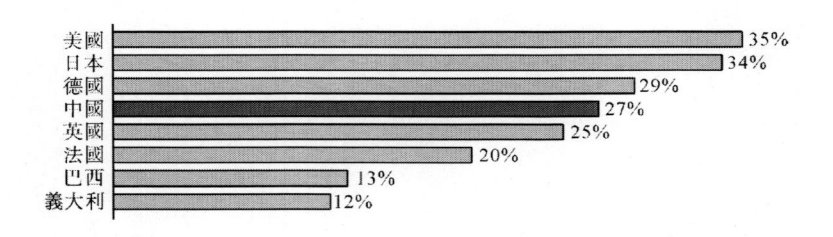

國家	百分比
美國	35%
日本	34%
德國	29%
中國	27%
英國	25%
法國	20%
巴西	13%
義大利	12%

圖 4-13　人工智能對勞動生產率的提升

資料來源：埃森哲和經濟學前沿公司

2. 重振中國製造業

基於以上人工智能對中國經濟的整體影響，通過對基準線與人工智能穩定發揮狀態兩種情境之間的行業的年增速差異（百分點）的建模分析，並結合行業規模數據，進一步分析人工智能對中國各個行業的潛在經濟影響。分析表明，製造業、農林漁業、批發和零售業將是利用人工智能獲益最多的三個行業，到 2035 年，其行業總增加值的年增速將分別提高 2%、1.8% 和 1.7%。在製造業中，物聯網（IoT）等前沿技術為智能系統的無縫整合創造了有利條件。研究表明，人工智能可以在 2035 年為製造業行業額外帶來 2.7 萬億美元的總增加值，較基準線情形增加近 31%，如圖 4-14 和圖 4-15 所示。

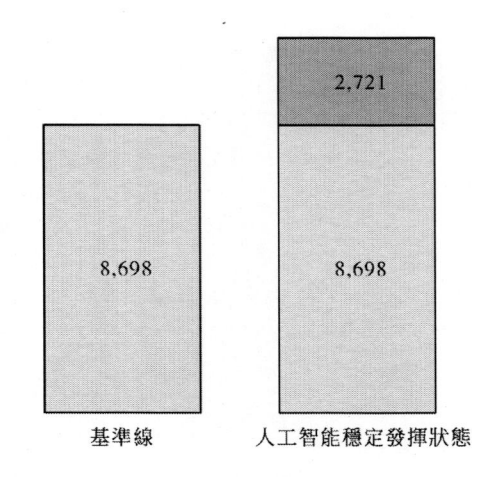

情境	數值
基準線	8,698
人工智能穩定發揮狀態	8,698 + 2,721

圖 4-14　2035 年中國生產製造業總增加值（單位：10 億美元）

資料來源：埃森哲分析

4 人工智能技術進步對經濟增長的影響

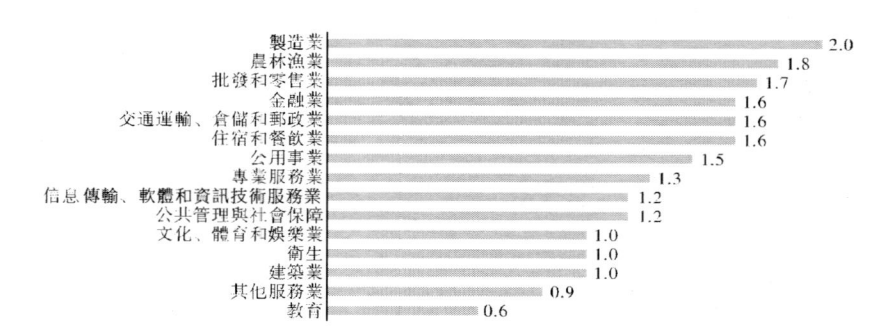

產業	數值
製造業	2.0
農林漁業	1.8
批發和零售業	1.7
金融業	1.6
交通運輸、倉儲和郵政業	1.6
住宿和餐飲業	1.6
公用事業	1.5
專業服務業	1.3
信息傳輸、軟體和資訊技術服務業	1.2
公共管理與社會保障	1.2
文化、體育和娛樂業	1.0
衛生	1.0
建築業	1.0
其他服務業	0.9
教育	0.6

圖 4-15　人工智能對中國各產業總增加值的年增速的影響

資料來源：埃森哲分析

5
技術進步對勞動就業影響的理論研究

5.1 研究對象和概念界定

5.1.1 就業與失業

就業（Employment），是指在法定年齡內的有勞動能力和勞動願望的人們所從事的為獲取報酬或經營收入進行的社會活動。一般從三個方面進行界定：一是就業條件，指在法定勞動年齡內，有勞動能力和勞動願望；二是收入條件，指獲得一定的勞動報酬或經營收入；三是時間條件，即每週工作時間的長度。

國際勞工組織在統計意義的範圍內，將就業定義為：就業是指一定年齡階段內的人們所從事的為獲取報酬或經營收入所進行的活動。進一步對就業從三個條件進行界定，即就業條件、收入條件和時間條件。具體來說，即需要具備一定的年齡，獲取一定的勞動報酬和每週工作時間的長度。一個具有工作能力的人實現就業的唯一途徑是，在一定的社會崗位上從事合法的社會勞動並取得相應的合法收入。

與之相反，失業（Unemployment）是指達到就業年齡具備工作能力謀求工作但未得到就業機會的狀態。對於就業年齡，不同國家往往有不同的規定。失業表示有生產能力的勞動者喪失了運用生產資料從事生產勞動，從而獲得相應的勞動報酬的機會。從宏觀來看，失業意味著整個社會生產的損失。

從理論的角度界定，就業和失業都是勞動力市場供求關係相互作用的結果。馬克·卡森（1981）根據建立在勞動力市場供求關係基礎上不同的

就業與失業狀態模型，提出了界定就業與失業的兩個標準，即效率標準和收入標準。效率標準是指凡達不到充分就業水準的情況就意味著存在失業。收入標準是指以實際勞動力供給為標準，凡低於實際勞動力供給水準的就業都意味著存在失業，因為這種情況是由於收入增加而引起的勞動力供給過剩。

就業和失業是兩個相對統一的概念，就業（失業）水準是如何決定的，如何有效擴大就業，降低失業率是一國宏觀政策制定的基點和落腳點。

5.1.2 幾個相關概念

勞資關係（Employee-Employer Relations），指勞動與資本之間的關係，以剝削和衝突為主要特徵，強調勞動與資本之間對立的、不可協調的利益關係。工業革命初期的產業關係研究者以及馬克思主義學者使用的比較多。馬克思在《資本論》中詳細分析了資本與勞動之間的關係，認為二者是剝削與被剝削的關係，在生產過程中通常表現為「強資本、弱勞動」。海曼（Hyman）認為勞資關係是「對工作關係控制過程的研究」。在中國，有些學者在研究私營企業時也通常使用「勞資關係」。

勞工關係（Employment Relationship），雖然英文翻譯與勞動關係相同，但它主要突出勞動者的主體地位，注重集體的勞動關係；比較強調工會與雇主之間的互動過程，尤其是集體協商的過程。臺灣地區學者及海外華裔學者傾向於使用這一稱謂。

勞使關係（Labor Relations），顧名思義是指「勞動者與勞動力使用者之間的關係」。這一概念源自日本，與勞資關係相比，比較中性、溫和，通常描述集體勞動關係。日本普遍實行終身雇傭制，用勞使關係來形容雇主與雇員之間的關係可能更加貼切。

雇傭關係（Employee-Employer Relations），又稱「勞雇關係」，是指雇主和雇員之間的關係，主要強調個別勞動關係；不贊同工會的研究者習慣使用這個稱謂。

5.2 技術進步與就業理論

5.2.1 勞動力需求

1. 勞動力數量需求

作為一個重要的外部因素，特定生產技術對製造業勞動關係的影響越來越大，具體反應在製造業勞動力需求、供給以及勞動關係市場力量三個方面。

勞動力需求包括數量需求和結構需求兩個方面。在製造業生產過程中，勞動力數量需求在很大程度上取決於企業所採用的生產技術。在經濟學上，生產技術直觀反應了企業要素投入與產量產出之間的數量關係。一般而言，生產技術通常可以分為兩種類型：里昂惕夫技術和柯布-道格拉斯技術。下面將研究兩種不同技術條件下的勞動力數量需求情況。

（1）里昂惕夫技術條件下的勞動力數量需求

生產過程中投入勞動 L 和資本 K，令 a 和 b 為兩種要素的投入比例，並且 $a>0$，$b>0$。可以用如下方程表示里昂惕夫技術。

$$Y = \{(y, -L, -K) 在 R^3 中：y \leq min(aL, bK)\}$$

$$V(y) = \{(L, K) 在 R_+^2 中：y \leq min(aL, bK)\}$$

$$Q(y, L, K) = y - min(aL, bK)$$

$$f(L, K) = min(aL, bK)$$

其中，Y 表示所有技術上可行的要素投入和產量產出集合（也稱之為生產可能性集）；Y 表示其中的一個具體產量；V 表示要素投入的要求集，$V(y)$ 表示至少可以生產 Y 單位產品的所有要素投入集；T 為變換函數，且 $T(y)=0$。從上述方程式中，我們發現，在里昂惕夫技術條件下，企業的最大產量取決於投入量較少的一種要素。也就是說，增加一種要素的投入不能帶來產量增加，但減少一種要素投入會立刻導致產量的減少。

另外，在生產過程中，兩種要素的投入比例固定不變，因此通常又將里昂惕夫技術條件下的要素投入系數稱為固定技術係數（Fixed Technological Coefficient）。

等產量線的勞動力數量需求，根據里昂惕夫技術的數學方程式，我們可以描繪出相應的生產等產量線，如圖 5-1 所示。

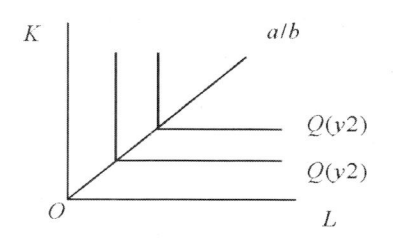

圖 5-1　里昂惕夫技術條件下的等產量線

從圖 5-1 中可以看到，企業的產量水準取決於投入量較少的要素。也就是說，在里昂惕夫技術條件下，勞動力需求數量最終取決於企業預期的產量水準以及要素間的投入比例。

（2）柯布-道格拉斯技術條件下的勞動力數量需求

與上文相同，假定生產過程中投入要素勞動 L 和資本 K，且 $0 < a < 1$。可以用同樣的方式來定義柯布-道格拉斯技術。

$$Y = \{(y,\ -L,\ -K) \text{ 在} R^3 \text{ 中}: y \leq L^a K^{1-a}\}$$

$$V(y) = \{(L,\ K) \text{ 在} R^2_+ \text{ 中}: y \leq L^a K^{1-a}\}$$

$$Q(y) = \{(L,\ K) \text{ 在} R^2_+ \text{ 中}: y = L^a K^{1-a}\}$$

$$Y(z) = \{(y,\ -L,\ -L) \text{ 在} R^3 \text{ 中}: y \leq L^a K^{1-a},\ K = z\}$$

$$T(y,\ L,\ K) = y - L^a K^{1-a}$$

$$f(L,\ K) = L^a K^{1-a}$$

其中，$Y(z)$ 表示受約束的生產可能性集。從上述方程式中，我們發現，在柯布—道格拉斯技術條件下，企業的產量取決於兩種要素的相對貢獻率，並且二者之間存在相互替代的關係，因此要素間的投入比例又被稱為可變技術係數（Variable Technological Coefficient）。

2. 勞動力數量需求

根據柯布—道格拉斯技術定義，可以描繪出相應的等產量線，如圖 5-2 所示。

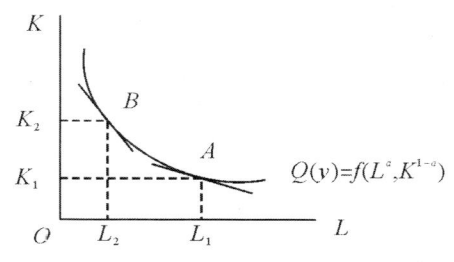

圖 5-2　柯布—道格拉斯技術條件下的等產量線

從圖 5-2 中可以看到，要獲取產量 $Q(y)$，企業有無數個要素投入組合，即等產量線的所有點。假設生產要素投入組合為 $A(L_1, K_1)$ 和 $B(L_2, K_2)$，產量水準均為 Q。顯然，A、B 兩點上的勞動和資本投入量不同。企業如何決定某種要素的最佳投入量，取決於要素間的邊際技術替代率（MRTS）。令 $f(y) = L^a K^{1-a}$，對其求偏導數：

$$\frac{\partial f(L, K)}{\partial L} = a L^{a-1} K^{1-a} = a \left[\frac{K}{L}\right]^{1-a}$$

$$\frac{\partial f(L, K)}{\partial K} = (1-a) L^a K^{-a} = (1-a) \left[\frac{L}{K}\right]^a$$

據此可以得出勞動對資本的邊際替代率：

$$MTRS = \frac{\frac{\partial f}{\partial L}}{\frac{\partial f}{\partial K}} = -\frac{a}{1-a} \frac{K}{L}$$

由於點 A 和點 B 在同一條等產量曲線上，勞動的投入量增加所帶來的產量增加必然等於資本投入量減少所帶來的產量減少，即：$MP_L = -MP_K$。

在完全競爭市場條件下，企業的目標被假設為追求利潤最大化或成本最小化。他們在調整要素投入時必然受成本約束，即只有在要素的相對價格發生變化時他們才做出調整決策。因此可以得出：

$$\begin{cases} \min_{L, K} = W \times L + R \times K \\ s.t. \ y = f(L, K) \end{cases}$$

利用拉格朗日乘數法求解，可以得到：

$$\frac{\frac{\partial f}{\partial L}}{W} = \frac{\frac{\partial f}{\partial K}}{R}$$

由於：

$$MP_L = \frac{\partial f}{\partial L}, \ MP_K = \frac{\partial f}{\partial K}$$

結合公式，可以推出：

$$MTRS = \frac{MP_L}{MP_K} = \frac{W}{R}$$

綜上所述，在柯布—道格拉斯技術條件下，勞動對資本的邊際技術替代率等於它們的邊際產量之比和相對價格之比，這就是可變技術條件下勞動力數量需求決定的基本條件。

5.2.2 製造業要素成本變化及投入選擇

在製造業中，絕大多數企業都存在勞動 L 與資本 K 之間相互替代的彈性。企業究竟是選擇勞動還是資本，關鍵在於二者的相對價格和比較優勢。首先是勞動力成本變動趨勢。由於許多製造業都屬於勞動密集型企業，勞動力成本在企業成本中占很大比重。在多種因素的綜合作用下，幾乎所有的製造業在最近幾年都面臨著嚴峻的人工成本壓力。

首先，2005—2016 年，中國製造業的時薪快速上漲，已超過拉美，是歐洲的 70%。英國《金融時報》報導稱，一項調研數據表明，中國製造業平均工資歷經 10 年快速上漲後，在 2016 年已經達到 2005 年的 3 倍，超過巴西和墨西哥，並且迅速趕上希臘和葡萄牙。報導稱，迅速上漲的工資收入從樂觀的方面看，中國製造業工人的生活水準在提高，但從悲觀的方面看，就業機會可能會從中國流向工資水準更低的其他國家，企業生產成本更高，生存壓力更大，如圖 5-3 所示。

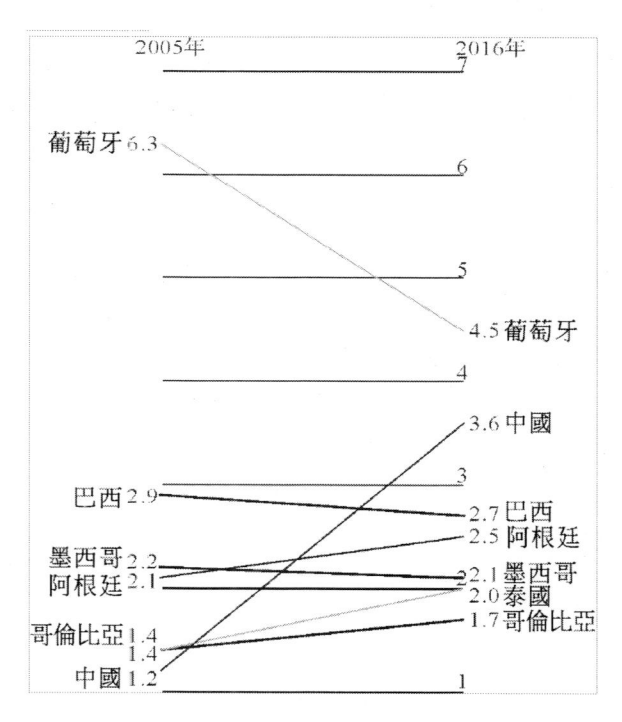

圖 5-3　中國等國家製造業時薪變動（單位：美元）

其次是資本價格變動呈下降趨勢。與勞動力成本形成鮮明對比的是，以工業機器人領銜的自動化設備價格一路走低。以機器人為例，近十年來，機器人成本以每年5%的速度在下降。就目前來看，工業機器人（自動化設備）的價格，大致相當於可代替工人的年薪再乘以1.5到5倍。相對於勞動力成本而言，機器人等自動化設備還有一個更為重要的比較優勢，那就是它能夠保質保量，毫無怨言地24小時工作，這樣就能免去勞動關係問題。在人工成本的持續上漲壓力下，將會有越來越多的企業選擇自動化設備替代勞動者。

5.2.3 不同技術條件下的勞動替代規模

在經濟學中，分析要素之間的替代規模前首先要假定生產技術水準不變。在現階段，由於中國製造業生產過程存在多種技術形態，而這些技術又依附於各種機器設備存在，因此採用等產量曲線這一工具來分析資本要素（如機器設備等）對勞動要素的替代規模。

分析了在同一等產量曲線兩點間的要素投入組合情況，在此基礎上增加點 B'，要素投入組合為 (L_2', K_2')，如圖5-4所示。假設從 A 點到 B' 點，資本要素的投入增量等同於從 B' 點到 B 點的增量，即 $\Delta K = \Delta K'$，其中：$\Delta K = \Delta K_2 - K_1$，$\Delta K' = K_2 - K_2'$

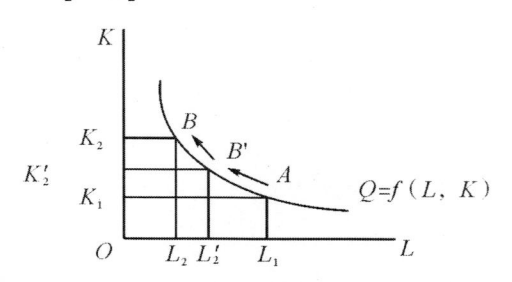

圖5-4 可變技術條件下的等產量線

從圖5-4中可以看出，當要素投入由 A 點變為 B' 點時，勞動要素的減少量 ΔL 明顯大於資本要素的增加量 ΔK；當要素投入由 B' 點變為 B 點時，勞動要素的減少量 ΔL 與資本要素的增加量 ΔK 基本持平；當要素投入組合點在 B 點右上方時，勞動要素減少量 ΔL 就會小於資本要素增加量 ΔK。勞動與資本之間的替代規模之所以出現這種變動趨勢，主要受邊際技術替代率遞減規律的影響。當然，這一規律也直接決定了等產量曲線的形狀。在圖5-4中，等產量曲線的右下方比較平坦，說明要素之間的替代彈性較大，

少量的資本投入就會替代較多的勞動要素；等產量曲線的左上方比較陡峭，說明要素之間的替代彈性較小，較多的資本投入才會替代較少的勞動要素。

1. 勞動力結構需求

技術對就業產生的深遠影響是毋庸置疑的，技術變革會導致勞動力絕對需求和相對需求發生變化。在上一個問題中，筆者從要素替代角度分析了製造業勞動力的數量需求，此處將分析技術變革下的勞動力結構需求。根據工作技能需求，勞動力可以分為技能型勞動力和非技能型勞動力。研究製造業勞動力需求結構是否變化，關鍵在於對中國未來的技術進步性質做出正確判斷。

2. 技術進步性質判定

根據技術進步對國民收入中勞動與資本等要素分配比例的改變，可以分為中性與非中性的技術進步。阿西莫格魯（2002）在希克斯非中性基礎上提出偏向性思想，包括勞動偏向型、資本偏向型和技能偏向型。如果技術進步對勞動要素內部結構（包括技能勞動與非技能勞動、高技能勞動與低技能勞動）產生影響，便稱為技能偏向型技術進步（Skilled Biased Technological Change）。從近年來國外的經濟發展理論與實證研究來看，偏向型技術變革已經得到普遍認可，技術進步導致了勞動力市場上技能工人的需求增加。那麼，中國正在進行或即將進行的技術變革是否屬於技能偏向型技術進步？

在分析勞動力數量需求的時候，假設生產函數中僅投入勞動和資本兩種要素，判定技術進步性質時需要對生產函數重新定義。依據勞動偏向型技術進步思想，構建出新的生產函數形式：

$$Q_t = Q(L_{s,t}, L_{n,t}, H_t, X_t, T_t)$$

Q 為產量產出，s、n 為技能、非技能，L_s、L_n 分別為技能型、非技能型勞動投入，H 為人力資本投入，X 為資本等其他要素投入，t 為時間，T_t 為某一時期的技術狀態。

令技能型勞動和非技能型勞動的邊際技術替代率增長率為 TC，即 $TC = ln \dfrac{\Delta L_n}{\Delta L_s}$。

經過數學推算，即可得出：

$$TC = ln \dfrac{\Delta L_n}{\Delta L_s} = ln \left(\dfrac{\dfrac{1}{\Delta L_s}}{\dfrac{1}{\Delta L_n}} \right) = ln \left(\dfrac{\dfrac{\Delta Q}{\Delta L_s}}{\dfrac{\Delta Q}{\Delta L_n}} \right) = ln \left(\dfrac{Q'_s}{Q'_n} \right)$$

當 $\dfrac{Q'_s}{Q'_n} = 1$ 時，TC = 0，技能型勞動和非技能型勞動的邊際產量以相同比例增長，技術進步無偏性特徵，大多屬於基礎性創新活動；當 $0 < \dfrac{Q'_s}{Q'_n} < 1$ 時，TC<0，非技能型勞動的邊際產量增長快於技能型勞動的邊際產量增長，技術進步與技能之間呈現替代關係，即出現所謂的技能替代型技術進步，如自動化流水線生產技術等；當 $\dfrac{Q'_s}{Q'_n} > 1$ 時，TC>0，技能型勞動的邊際產量增長快於非技能型勞動的邊際產量增長，技術進步與技能之間呈現互補關係，勞動力市場對技能型勞動者的需求開始增加，技能偏向型技術進步出現。

從發達工業國家的技術、經濟發展歷程來看，基礎性創新活動最早出現，而技能替代型技術進步的出現要早於技能偏向型技術進步。宋冬林等（2010）結合技能需求和技術進步的關係，通過構建計量模型，利用1978至2007年的時間序列數據對偏向型技術進步的存在性進行實證檢驗，結果顯示，當前的技術進步具有物化型（蘊含前沿技術的設機器備）和技能偏向型雙重特徵。先進製造技術的模仿、吸收和創新都增加了技能勞動者的需求。成艾華等（2012）通過分解20世紀90年代以來工業行業技能勞動者的就業份額變化，也得出了相似的研究結論，即細分行業內部的技能勞動者就業增加，技能偏向型技術變革出現。

6
人工智能技術進步對勞動就業的影響

隨著人工智能技術發展及其在各行業應用的不斷深入,人工智能是否會造成大規模技術性失業和結構性失業,並造成新的收入不平等,已經成為全球熱門討論話題。

6.1 人工智能技術進步對就業總量的影響

6.1.1 人工智能技術進步對就業的擴張效應

綜合現有的國外研究預測結果,主要存在兩種不同觀點:一種是悲觀的預測,認為人工智能將對就業總量和就業結構帶來毀滅性的衝擊。目前國際社會大多持此觀點,例如世界經濟論壇 2016 年 1 月發布的報告《未來的工作》(*The Future of Jobs*)預測:到 2020 年,在全球 15 個主要工業化國家中,機器人與人工智能的崛起將失去 710 萬個就業職位,而同期技術進步僅將帶來 200 萬個新工作職位。美國萊斯大學計算機工程教授摩西·瓦迪(MosheVardi)認為,2045 年人類失業率將超過 50%。另一種是樂觀預測,認為從就業總量上來看,人工智能在短期內會形成巨大的衝擊,但從長遠來看,技術進步對就業總量不會形成巨大的威脅。例如美國資訊技術與創新基金 2017 年 4 月發布報告《錯誤的危言聳聽:技術滲透和美國勞動力市場,1850—2015》(*False Alarmism: Technological Distribution and U. S. Labor Market*, 1850—2015)認為,目前沒有任何證據表明人工智能會引起大規模失業。報告梳理了美國自第一次工業革命以來的就業歷史數據,發現美國近 250 年以來的就業市場並沒有出現過大規模的就業市場大動盪,也沒有哪類技術進步引發了大規模的失業,而且儘管工作職位持續地消失,卻有

更多的就業機會湧現了出來。麥肯錫公司 2017 年的報告同樣顯示，目前僅有 5%的職業可以利用現有技術實現全部自動化，但在大約 60%的職業中，僅有三成以上的工作內容可以實現自動化。面對人工智能的發展，雖然短期內對就業會造成衝擊，但是長期來看將會創造今天難以想像的新需求、新崗位、新職業、新價值，不會導致大規模失業。

美國學者 Robert Gordon（2018）通過研究認為，人工智能並不會減少就業，相反，還會以更新的方式創造就業機會。比如航空公司和酒店通過 OTA（Online Travel Agency）平臺根據客戶的數據，通過算法給出不同的票價，這替代了大部分旅行社的工作。語音識別和語言翻譯替代了一部分轉錄員和翻譯員的工作。電腦的電話選單替代了很多客戶服務代理的工作。但條形碼掃描並沒有減少收銀員和出納員的工作機會。電腦放射掃描也沒有減少醫院放射科醫生的工作機會，儘管人工智能技術改進了他們的診斷，但仍需要醫生在診斷書上簽字。

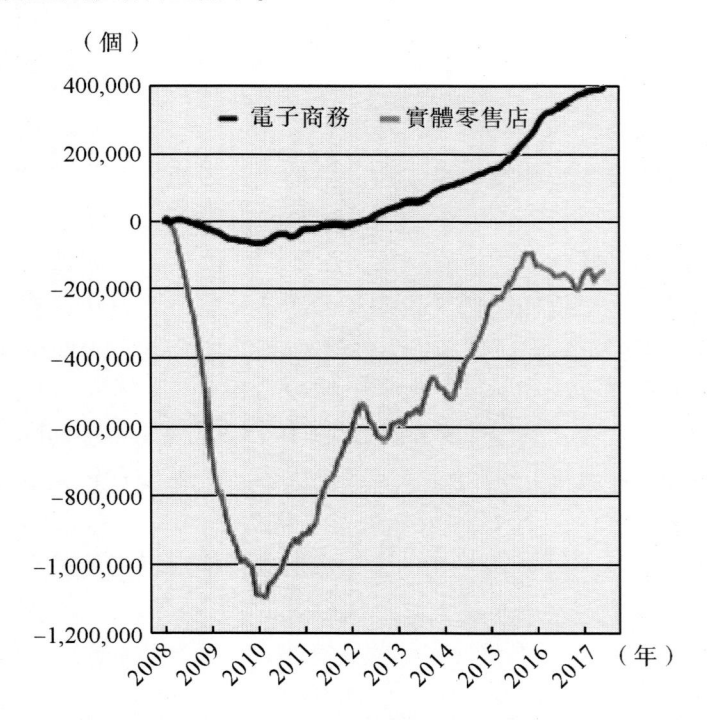

圖 6-1　實體零售店工作崗位減少與電子商務就業崗位增加[1]
數據來源：Michael Mandel，進步政策研究所

---

① 註：僅全職工作職位，取 3 個月平均值。電子商務包括網上購物、倉庫、存儲職位。

圖 6-1 展示的是 2008 年以來美國零售行業的變化，實線代表實體零售店的就業人數變化，虛線條代表電子商務的就業人數變化。實際上，實體店就業人數並沒有受到電子商務的衝擊，雖然在全球金融危機期間有所下降，但現在已經止穩回升。而且實體店就業職位雖然減少了 20 萬個，但電子商務新創造了 40 萬個就業崗位，綜合來看，零售行業的就業崗位有所增加。

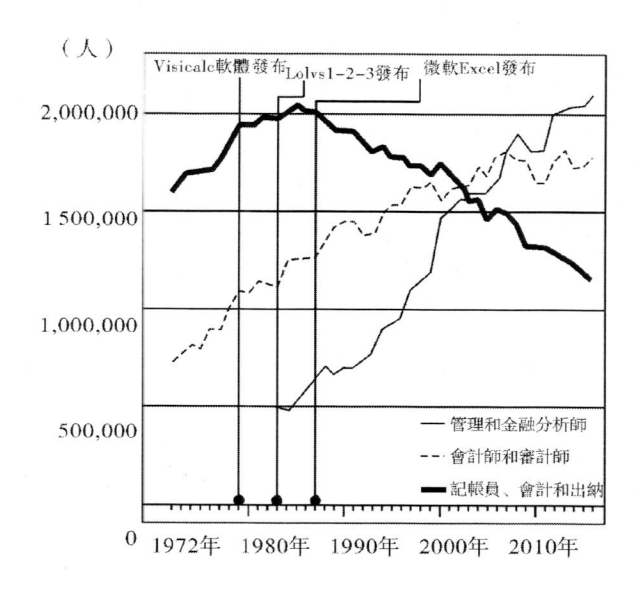

圖 6-2 記帳類會計、分析師崗位變化情況①
數據來源：美國勞工部統計局

圖 6-2 展示的是電子製表軟體的發明造成大約 100 萬個記帳員和出納的工作崗位被取代。但電子表格給金融分析師帶來了全新的職業生涯，大約新增了 150 萬個金融分析工作崗位。值得注意的是，大家很容易預測工作被新技術取代，但很難預測新技術可能帶來的新的就業機會。

需要說明的是，我的判斷是基於未來 20 年左右，而不是 50 年或 100 年之後的世界。總而言之，人工智能確實會取代一些工作，造成勞動力市場的動盪，但也會創造許多新的就業機會，貨幣政策和財政政策完全有能力創造足夠大的勞動力市場。電子製表軟體的例子十分普遍。人工智能並不

---

① 註：1982 年數據缺失。1993 年、2000 年及 2001 年職業定義的變化意味著數據不能嚴格進行時間序列比較。1983 年之前沒有管理和金融分析師的職業類別。

是新鮮事物,在過去10多年的發展中,人工智能經歷了全球經濟低增長時期,但2009年以來,就業職位在持續淨增加而不是淨減少。

研究者們注意到機器自動化對勞動力市場有著不小的影響。它會取代某一行業從事特定工作的勞動者,導致就業機會的減少和勞動者薪酬的降低。然而,在這一過程中的同時,其他部門和崗位可能會逐漸地大批吸收從機器自動化中解放出來的勞動力,甚至有可能,由新型自動化技術帶來的生產力紅利會增加他們所在行業的就業機會。

陳永偉(2017)在《人工智能革命的就業影響:回顧和預測》報告中指出,即使有些工作崗位會被機器取代,還有很多新的崗位會被創造出來。報告認為,人工智能對工作崗位的正向作用可以分為擴大需求和創造崗位兩種。他認為,首先,人工智能產業發展直接帶來了對專業的數位技術人才需求量的增長,例如芯片設計師、數據分析師、邏輯架構師、機器人製造等職位。其次,得益於技術進步所帶來的生產力增長,人們對一般性工作崗位和勞動力的需求也會增加。最後,人工智能的發展極大地提高了新興創新市場活力,催生出很多就業的新模式、新業態。這些新業態短期內創造了許多新的崗位並帶來大量的就業,例如快遞配送、外賣配送、電商客服、專車司機、網路主播、數據標註員等。考慮更長的時間尺度,人工智能甚至可能會促使機器人管理員、機器人道德評估師等職業產生。

6.1.2 人工智能技術進步對就業的排擠效應

平均而言,當地勞動力市場上每一種新型工業機器人的出現會帶來5.6名勞動者的失業。最早從工業革命發端,經濟學家和政策制定者就開始思考無情的技術進步會給勞動力市場帶來怎樣的衝擊。John Maynard Keynes在1929年警告了「科技失業」的到來,Wassily Leontief則預測幾十年後「勞動力會變得越來越不重要」。近幾年,大量研究預計接下來的20年間,全美幾乎一半的就業崗位將會面臨被機器自動化取代的風險,並且提出這種風險會擴展到普通勞動崗位以外的許多有著大量重複性工作內容的白領崗位。

隨著美國勞動者愈發受到國際競爭和新信息技術轉移等力量的壓迫,關於機器人對就業與薪酬影響的關注也越來越多。Daron Acemoglu和Pascual Restrepo(2017)針對美國勞動力市場的證據,發現機器人(在就業市場)的部署減少了就業機會和薪酬。哈拉瑞(Yuval Noah Harari)於2018年5月初在英媒《衛報》撰文指出,「到2050年時,將會出現一個新

的社會階級——『無用階級』。人們並非失業，而是無法就業」。

波士頓諮詢公司的模型估計表明，2027 年，中國金融業就業人口可達到 993 萬人，約 23%的工作崗位將受到人工智能帶來的顛覆性影響，約 39 萬智能崗位將被消減；而超過 77%的工作崗位將在人工智能的支持下，工作時間減少約 27%，相當於效率提升 38%。

6.1.3 人工智能技術進步對勞動就業總量的影響估算

技術進步對就業既有替代效應又有補償效應。根據新古典的勞動力需求理論，技術進步對就業的影響主要取決於總需求的技術彈性。美國的歷史數據表明，技術進步以後，總體就業人數是增加的。從短期來看，技術進步率對需求的影響可能較小，長期來看，總需求的技術彈性可能會比較大。因此，技術進步在短期內可能降低就業，在長期內可能增加就業。

美國 Gartner 諮詢公司在價值框架下，評估了人工智能對就業的總體影響，分析顯示，預計到 2021 年，人工智能可能帶來令人震驚的 29,000 億美元的新的商業價值和機會。當然，這個評估結果是在不考慮其他可能影響全球就業因素的情況下得出的，例如新興產業的出現、地緣政治的轉變、全球範圍內的人才庫給高薪收入人群的工資帶來壓力等。此外，也沒有考慮人工智能對生產力的潛在影響，如圖 6-3 所示。

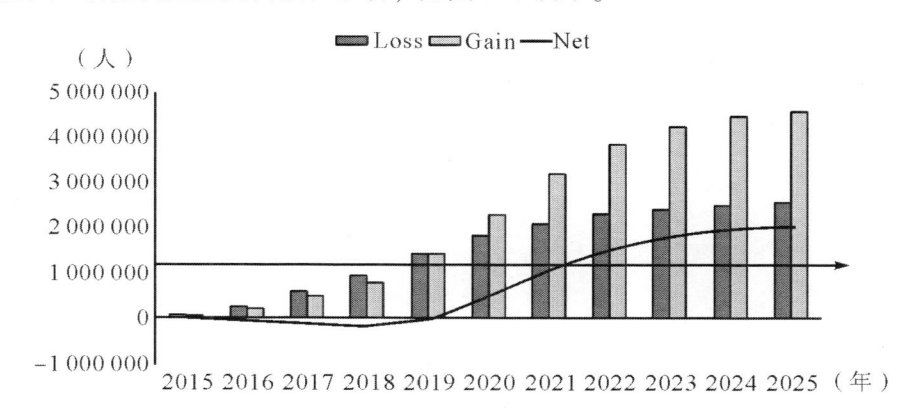

圖 6-3 2015—2025 年人工智能對美國就業崗位數量的影響
資料來源：美國 Gartner 諮詢公司

在 2020 年，人工智能將作為網路工作「發動機」，將創造 230 萬個工作機會，同時也會消減 180 萬個工作崗位。2020 年將是人工智能就業動態的關鍵年份：AI 將在 2019 年之前減少更多的就業機會（主要是製造業），

從 2020 年開始，與人工智能相關的就業機會將會正向增長，2025 年將達到 200 萬個淨新增就業崗位。受人工智能影響的就業崗位數量因行業而異：醫療、公共部門和教育部門的就業需求將持續增長；製造業將受到最嚴重的衝擊；醫療保健提供者、公共部門、銀行和證券、通信、媒體和服務、零售和批發貿易等將從人工智能中受益，而不會遭受年度淨失業。Gartner 預估，到 2020 年，將有 180 萬個工作職位被人工智能取代，但同時間，AI 也將創造 230 萬個新工作機會，兩者形成黃金交叉，AI 將帶動整體工作機會呈現「正成長」。製造業和運輸業將遭受較大衝擊。預計到 2019 年年底，由於人工智能技術的發展，93.8 萬個製造業崗位將被淘汰；交通運輸業將在 2020 年首次實現就業淨增長。

Gartner 認為人工智能將對工作就業產生積極的影響，就業淨增長的主要原因是人工智能本身，其實質是人類與智能的合作關係，兩者相輔相成。人工智能對就業的影響在全球範圍內處於起步階段。

中國發展研究基金會於 2018 年 8 月在北京召開「投資人力資本，擁抱人工智能：中國未來就業的挑戰與應對」報告發布會，發布了《人工智能與中國未來就業白皮書》。該白皮書認為，人工智能的發展直接帶來對專業數字技術人才需求量的增長，催生出許多新的就業模式和業態。《投資人力資本 擁抱人工智能：中國未來就業的挑戰與應對》報告中稱，阿里研究院的背景研究表明，在電子商務零售服務業領域，人工智能的應用對生產效率和員工的薪酬待遇有積極的促進作用，帶來的就業機會要多於被替代的就業。

從人類歷史的發展進程來看，人工智能技術會在替代一部分工作的同時也創造新的工作崗位。這種創造就業的過程一方面是通過產品價格的下降、收入的增加以及新產品的出現刺激消費和投資需求來實現的，另一方面是通過技術進步擴散到上下游產業、促進了新產業的壯大來實現的。此外，人工智能技術的研發和生產擴散本身就需要大量高技能勞動力的投入，技術進步的過程也伴隨著對高技能勞動力需求的逐漸增加。當然，在人工智能新技術發展之初可能伴隨著階段性的失業率上升，但隨著人力資本的逐漸提升，勞動者的技能與工作崗位的匹配度也會提高。

6.2 人工智能技術進步對就業結構的影響

6.2.1 人工智能技術帶來就業崗位極化與無就業復甦效應並存

面對人工智能等最新科學技術發展，2014年8月21日至23日，一年一度的Jackson Hole全球央行年會把就業作為討論的核心話題。參會的經濟學家都對就業極化（Job Polarization）進行了研究。學者研究發現，過去25至30年，美國勞動力市場出現了兩大趨勢性現象。其中一個就是就業極化，即高工資、高技能的崗位和低工資、低技能的崗位在增加，中間崗位卻在縮小，勞動力市場結構呈啞鈴型發展。另一個現象是失業型復甦（Jobless Recoveries），即經濟復甦對就業崗位增長的提振效應非常有限，傳統的奧肯定理（Okun's law）[①] 失效。研究表明，這兩種現象具有較強的相關性。

就業極化的成因是企業生產流程化對中間崗位產生了擠出效應，以及高速發展的計算機技術對中間崗位形成了替代效應，而非流程化、人工智能應用有限的高級崗位和低級崗位卻不受影響。值得注意的是，就業極化並不是一種平緩形成的趨勢，美國的經驗是，88%的中間崗位消失發生在NBER判定的衰退階段，而一旦消失，中間崗位的恢復非常困難，這同時就對危機後的失業型復甦提供了解釋。

6.2.2 低技術工種和重複性勞動會被人工智能所替代

與前三次工業革命相比，人工智能第四次工業革命（4IR）有一個顯著的不同，就是技術將發揮前所未有的作用，成為最重要的生產要素，主導變革。所以，未來社會對人才的需求，也將偏向於具有專業技能的技術型人才。

2016年12月20日，美國政府發布了《人工智能、自動化與經濟》（*Artificial Intelligence Automation, and the Economy*）報告，該報告論述了智能

[①] 美國著名的經濟學家阿瑟·奧肯發現了週期波動中經濟增長率和失業率之間的經驗關係，即當實際GDP增長相對於潛在GDP增長（美國一般將之定義為3%）下降2%時，失業率上升大約1%；實際GDP增長相對於潛在GDP增長上升2%時，失業率下降大約1%，這條經驗法則以其發現者為名，稱之為奧肯定律。

技術和自動化技術對經濟的影響以及可能的應對策略。報告指出人工智能技術的加速發展使得一些原本需要人力完成的任務由自動化設備來承擔。這些革命性的變化無疑將會為個人、經濟、社會帶來機遇，但同時也會顛覆當下數百萬美國人的生活。該報告明確指出未來幾年甚至數十年，人工智能驅動的自動化將會再造經濟，提出決策者所要面對的挑戰需要不斷變化和增強，需要採取適當手段調整政策或通過制定法規以應對人工智能給經濟帶來的影響。

報告肯定了人工智能對總生產率增長的積極貢獻；就業市場要求的技能變化，包括更高層次的技術技能需求；但是其所造成的影響分布不均，不同領域、薪資水準、教育程度、工作類型和所在地方受到的影響都會不同；一些工作崗位會隨著一些新的工作市場的出現而消失；某些人的短期失業可能需要更長遠的策略來解決。對於這些影響可能到來的樣態和速度，尚存在很大不確定性。人工智能有可能不會給經濟帶來大規模的新影響，比如未來幾年的就業趨勢可能就和過去幾十年的情況一樣，導致一些人從中受益，而一些人則會要求政策的改變。當然，也可能出現另一種可能，即經濟遭受巨大的衝擊，同時會加速勞動力市場的改變，許多從事傳統工作的勞動者需要協助並接受再訓練以提高他們的技能。在目前已有的證據下，尚不足以給出確定性的預測，但是政策制定者必須為可能的不利結果做好準備。至少，諸如流水線工人、司機、會計出納等工作面臨被替代的可能。

麥肯錫全球研究院在《未來產業：自動化、就業與生產力》報告中提出，最易受到自動化影響的工作類別，包括重複性的體力勞動、資料處理及資料收集等，常見於製造業、餐飲業及零售貿易業；而最不易受到影響的類別為人員管理與培養，以及需要運用專業知識的崗位。

研究者們通常關注某一特定類型自動化技術（比如工業機器人）的採用對當地就業市場產生了何種影響。他們使用國際機器人聯合會（IFR）對機器人的定義，認為機器人是自動的，可再編程並且具有多種用途的機器。這一定義排除了單一用途的自動化機器和人工智能技術。通過結合國際機器人聯合會（IFR）、美國人口普查局以及其他來源的數據，研究者們分析了1990—2007年的19個行業的工業機器人的使用數量增加對就業市場的影響。他們測度了美國之外的其他國家相同行業內的機器人使用率，輔之以不同通勤區勞動者的位置資訊來度量當地每一勞動力市場遭遇機器人的潛在風險，如圖6-4所示。

研究者發現，機器人對就業與薪酬有著重大且持續的消極影響，並且

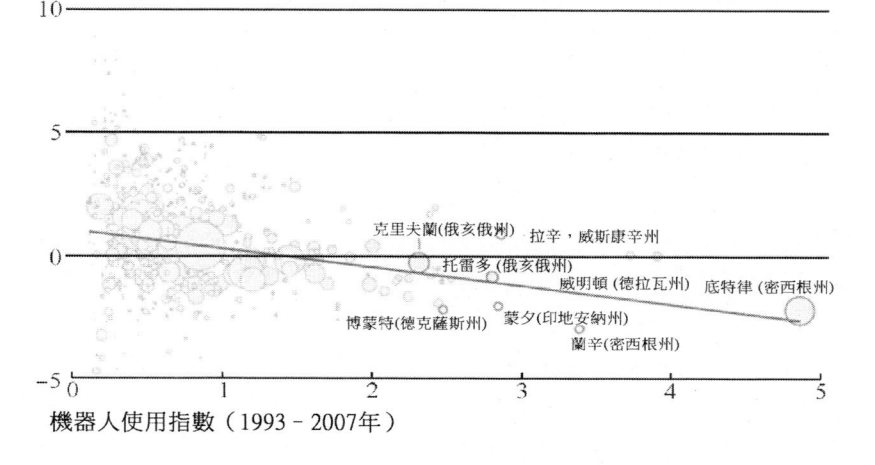

私人雇傭機器人變化（1990－2007年）　　　　　　　　單位　%

克里夫蘭(俄亥俄州)　拉辛，威斯康辛州
托雷多(俄亥俄州)
威明頓(德拉瓦州)　　底特律(密西根州)
博蒙特(德克薩斯州)　蒙夕(印地安納州)
蘭辛(密西根州)

機器人使用指數（1993－2007年）

圖 6-4　勞動力雇傭遭遇機器人①

數據來源：研究者使用國際機器人聯合會（IFR）、美國人口普查局和其他數據的統計結果。

預計每千名勞動者中每多一個機器人，就業數量與人口的比率會下降 0.18 到 0.34 個百分點，薪酬下降 0.25 至 0.5 個百分點。在對機器人完全開放的行業，和對於沒有大學學歷，僅從事重複性手工勞動、體力勞動、組裝以及其他相關工作的勞動者，這種影響尤其明顯。

人工智能也即將被應用到重複性低且變化較大的弱例行性工作（Less-Routine Work）上，由此帶來極大的效益。這方面的應用很可能會協助而非取代人工，因為人類與機器的結合將比單單聘雇專業人士或使用人工智能機器更有效率。到 2022 年，在以非例行性工作（Nonroutine Tasks）為主的員工中，每 5 人就有 1 人將依靠人工智能來完成工作。利用人工智能、機器人等技術，零售商將導入智能流程自動化（Intelligent Process Automation）來識別、優化目前仍由人力完成的勞動密集且重複性高的活動，並使之自動化。

美國白宮 2017 年 10 月發布的《人工智能、自動化及經濟》報告認為，現在對「哪個工種未來會被人工智能取代」做出預測很難，因為人工智能

---

① 說明：圓圈越大表示通勤區域越大。

不是單一的技術，而是一系列技術的結合體。

6.2.3 體力勞動者日益減少，腦力勞動者日趨增加

體力勞動日益減少，腦力勞動日趨增加，是人類物質生產活動和社會發展的一般規律。產生這個規律的主要原因是科學技術的不斷進步，以及由此造成的社會勞動生產力不斷提高。目前，越來越多的人脫離了體力勞動，進入「白領」工作的勞動領域。1981 年，美國的白領工作者已占就業人口總數的 52.7%。應該指出，白領工作包括腦力勞動者，但不全是腦力勞動者；既非體力勞動者，又非腦力勞動者，這樣一個勞動階層是客觀存在的。

當代科學技術革命加快了體力勞動和腦力勞動對比關係的變化，並使社會生產力的發展越來越依賴於腦力勞動。目前，不僅新興的高級技術部門需要大量的科學技術人才，就整個社會看，對腦力勞動的需求量迅速增加以及社會各種勞動在不同程度上日趨知識化，也已經成為一種不可逆轉的重要趨勢。

首先，從經濟增長過程中投入要素的比例關係看。以往是資本和勞動力對經濟增長起著主要作用，當代科學技術革命徹底改變了這一狀況，使技術成為影響經濟增長的主要因素。國外學者根據道格拉斯函數計算的結果表明，目前美國和日本的資本、勞動力、技術三個因素對經濟增長所起的作用中，技術因素占 70% 左右。隨著技術因素對經濟增長所起的作用不斷加強，企業中專業人員、技術人員和經營管理人員數量不斷增長。與此同時，技術工人和機械操作工人的相對數量出現下降趨勢。從美國職業結構變化看，這一過程非常明顯，如表 6-1 所示。

表 6-1　1900—1981 年美國部分職業腦、體勞動者結構的變化情況

（占全部就業人口的%）

		1900 年①	1940 年②	1960 年	1981 年③	②-①	③-②
腦力勞動者 a	專業技術人員 經營管理人員 總計	4.3 5.9 10.2	7.5 7.3 14.8	11.3 8.5 19.8	164 11.5 27.9	3.2 1.4 4.6	8.9 4.2 13.1
體力勞動者 b	技術工人 機械操作工人 總計	10.6 12.8 22.4	12.0 18.4 30.4	14.3 19.9 34.2	12.6 14.0 26.6	3.2 5.6 7.0	0.6 -4.4 -3.8
a∶b		0.46∶1	0.47∶1	0.58∶1	1.05∶1	0.66∶1	4.4∶1

把表 6-1 的數據分為兩個階段進行對比，可以看出就業結構中腦力勞動者和體力勞動者對比關係的變動趨勢。1900—1940 年，腦力勞動者和體力勞動者之比僅增長了 0.01 個百分點，腦力勞動者的比重僅提高了 4.6%，同時，體力勞動者占全部就業人口的比重每增加 1%，腦力勞動者占全部就業人口的比重就增加 66%。1940—1981 年，腦力勞動者與體力勞動者之比增長了 0.58%，腦力勞動者的比重增加了 13.1%，腦力勞動者超過了體力勞動者，體力勞動者占全部就業人口比重每增加 1%，腦力勞動者占全部就業人口比重就增加 4.4%。這些數據清楚地表明，當代科學技術革命極大地增強了社會對腦力勞動者的需求，腦力勞動者在社會總勞動人口中的比重日趨上升。

其次，從「知識產業」看，當代發達國家在科學技術迅速發展的情況下，非常重視「知識的生產」，把科學技術以及文化方面的發現、發明、設計、規劃、普及和傳播工作視為重要的社會經濟活動，並將與之相關的各種行業統稱為知識產業。根據西方國家計算國民生產總值的方法，1975 年，日本知識產業的產值是 301,000 億日元，占國民生產總值的 25%。美國的知識產業產值於 20 世紀 60 年代初就占到國民生產總值的三分之一，勞動力占全部勞動人口的 40%。基於知識產業在國民經濟中的重要作用，可以認為，知識產業的發展過程是腦力勞動者在社會就業總人口中占比重上升的過程。因為，這種非物質生產的產業，其從業人員是以腦力勞動者為主，所以，知識產業在社會經濟中占的比重增大，意味著腦力勞動者也會相應地增加。

最後，從當代科學技術的發展趨勢來看。科技發展不僅會極大地提高社會的物質生產能力，而且還要求整個社會的就業人員平均知識水準不斷提高。

隨著就業人員中腦力勞動者的數量增加以及勞動者的平均知識水準提高，腦力勞動和體力勞動的差別不斷縮小，複雜勞動在社會勞動總量中所占的比重日趨上升。在發達國家總就業人口中，腦力勞動者已經超過半數。目前日本的科技人員、管理人員和生產工人三者之間的比例是 1：1：1。

今後社會對腦力勞動者以及高級技術人才的需求仍然會不斷增長。例如：在日本，1982 年到 1985 年，電子專業科研人員和技工的總需求量約 71 萬人，但是電子專業的大學本科畢業生不到 2 萬人，加上相關專業的專科、短期大學畢業生，合起來不到 5 萬人。這種對腦力勞動需求不斷增長的趨勢，以及整個社會相對缺少高級技術人才的狀況，是造成發達國家結構性失業的重要原因，同時也是當代社會勞動就業問題中最引人注目的問題。理論和實踐證明，世界各國誰能夠滿足經濟發展中這種高知識和高技術的

就業結構，搞好對勞動力的教育和知識更新，誰就能比較好地解決就業問題，並在世界經濟角逐中取得勝利。

6.2.4 女性就業數量增加

人工智能對男女性別就業帶來不同影響。人工智能對就業中不同性別的不同影響，是各國研究者共同關注的焦點問題之一。學者們主要分為兩派不同的觀點：一派研究認為，人工智能為女性就業提供了新機遇；另一派則認為，女性就業面臨比男性更大的被取代風險。

當代科學技術革命把人們從繁重的體力勞動中進一步解放出來，重、繁、累的工作大量減少，婦女能勝任的職業成倍增加。一些細巧精密的電子器械以及儀器儀表的製造和操作，需要耐心細緻的工作方法，在這類領域裡，婦女勞動有著比男性更大的優勢。另外，由於整個社會知識化程度不斷提高，婦女的平均學歷也在不斷提高，這種由當代科學技術革命促成的高知識化和高學歷化，推動了發達國家的婦女走出家庭，參加工作，爭取自身的解放。

在發達國家，婦女的就業率日趨提高。在英國，1850年至1950年這一個世紀中，女性雇傭勞動者在全部就業人口中的比重一直保持在30%~32%左右，20世紀50年代這個比例開始增加，經過20世紀70年代的大幅度增長後，現在女性雇傭勞動者已占整個雇傭勞動者總數的40%以上。在日本，1960年至1980年，女性雇傭勞動者增加了83%，同期男性雇傭勞動者增加了60%。1980年，女性雇傭勞動者占社會全部雇傭勞動者總數的比例，美國為41%，英國為40.4%，法國為37.2%，德國為36.7%，日本為34.1%。需要說明的是，以上分析的僅是女性雇傭勞動者的發展變化情況，其概念和統計範圍要小於婦女就業人口的概念和統計範圍。

在婦女就業率大幅度提高的同時，已婚婦女的就業率在婦女就業人口中的比例不斷提高。例如，在日本這個「已婚婦女的領地是家庭」這種傳統意識較為濃厚的國家裡，已婚女性在女性就業人口中的比重在1962年為33%，1980年則達到57.4%。目前，國內外學術界對已婚女性就業率提高的原因說法不同，歸納起來大致有兩個方面。第一，金錢原因。已婚女性工作是生活所迫，為了滿足某種物質需要，把自己在家庭中的價值拿到勞動力市場上去換取一定數量的貨幣價值。其二，精神需要。由於當代科學技術的迅速發展，家庭生活電氣化，家務勞動社會化，把女性從大量的瑣碎家務勞動中解放出來，很多家境富裕的已婚女性也加入社會就業大軍。這

種「精神需要」的存在和發展，向我們提出一個問題，即非金錢原因支配下的婦女就業，在很大程度上是對快樂的需要。這種在科學技術進步條件下產生的就業動機，對於改變未來的就業結構有著不可低估的重要意義。

當代科學技術革命為女性就業創造了物質前提和廣闊的領域，使社會就業結構中女性的比例大幅度增加，同時也使廣大女性在自身解放中邁出了新的一步。

根據世界經濟論壇研究報告指出，人工智能時代，人類會從繁重的體力勞動中解脫出來。未來一些重複性強的工作，比如收銀員這類以女性為主的工作，會最先被人工智能取代；還有像建築工人、卡車司機或者出租車司機等男性主導的職業，會因為自動化的普及受到更嚴重的影響。

但與此同時，人工智能意味著女性不會因體力的弱勢而「待就業」。而且人工智能環境會更加偏向「女性化」，這為女性發展提供了新機遇。同理心、傾聽、多任務、直覺、協作和耐心在自動化時代是尤為可貴的品質，其中創造力、同理心、協作最為重要。而從自然和文化角度來看，女性更容易從自動化的進程中受益，因為女性天然的同理心和協作性讓她們能夠在複雜的後工業時代處於有利地位。

目前，人工智能技術進步已使計算機能夠創造出獨特的藝術作品，但不能讓機器人在短時間內擁有情感和激情，這仍然是遙不可及的夢想，而這兩項正是推動人類創造新生態系統的驅動力。隨著女性在學術和管理方面地位的逐漸提高，她們將獲得平等的機會和創新渠道。同時，科技會讓人們進一步找到自我表達的新方式，加速創新過程。

根據英國國家統計局的數據，目前女性在護理等職業中占主導地位，而這一職位需要換位思考和同理心。隨著人口老齡化的加劇，更多女性傾向於成為高級護理人員和心理學家。《每日電訊報》的一項研究顯示，女性成為看護的可能性是男性的兩倍，這意味著女性在同理心方面比男性更自然。此外，像教師、理療師、社會工作者、健康教練、育嬰專家等短期不會被機器接手的工作，擁有同情心的人會有更大的就業市場。

美國約克大學的一項最新研究表明，高收入就業市場中的女性數量也在上升。在過去超過 25 年的時間裡，大學本科學歷的男性從事白領工作（例如總經理、金融分析師、醫生）的機率在下降，而本科學歷的女性從事這些工作的機率在上升。這其中的核心原因是這些工作對社會化技能的要求變得更高。經濟學家 Matias Cortes 研究認為，如果這種趨勢持續發展，認為人工智能將增加對社會化技能的需求，那麼這將對女性有利，因為女性在這方面更有優勢。

6.2.5 人機協作的「半人馬」工作模式

Gartner 公司研究預測，2022 年，五分之一從事非常規工作的工人將依靠人工智能來完成他們的工作。屆時，人工智能將被用於高度重複的任務，包括執行大量的觀察和分析活動，例如根據篩查乳房的 X 線掃描結果，來診斷乳腺癌。但是，將人工智能用於一些日常人們接觸較少、類型比較獨特的工作，將會產生更好的效益。一些特殊的工種，將受到高度關注。人工智能應用於半常規和非常規認知任務，在訓練數據的支撐下，會產生更加有趣的聯繫，使得現有的工作更加有效。早在 2010 年，Garry Kasparov 就發現「半人馬」模式，又稱「人機共生協作」模式，就像希臘神話中人頭馬身的「半人馬」。這個模式不是讓機器取代人，甚至不是讓機器自動在人類身邊工作，而是讓人機融合，進入一種最佳的「共生模式」。企業和機構通過使用嵌入式通用軟體中的人工智能功能來推動生產和工作效率的提升。

6.2.6 人類工作性質和內容發生巨大變化

雖然人工智能在許多方面比人類有優勢，但人類仍然在涉及社會智力、創造力和一般智力的任務上保持著相當大的優勢。例如，今天的人工智能可以做出很不錯的翻譯，但卻不能像人類那樣同時運用語言和社會與文化背景這兩種知識，也無法體會作者的論點、情感狀態和意圖。即使是最受歡迎的機器翻譯也仍然無法達到人類譯者的準確度。

麥肯錫全球研究院的《未來產業：自動化、就業與生產力》報告指出，自動化技術帶動的大規模勞動力轉型將持續幾十年，類似的勞動力轉型歷史上早有先例：在技術的推動下，發達國家整個 20 世紀的農業勞動力大幅減少，但並未出現長期的、大規模的失業，這是因為技術發展也衍生出之前不曾預見的新工作型態。

報告稱，不敢斷言這次是否與之前有所不同，但認為自動化可以填補部分因勞動適齡人口成長放緩而導致的 GDP 增長。分析也顯示，人力仍然不可替代，在人類與機器共事的情況下，自動化每年可以將全球生產力提升 0.8% 至 1.4%。

麥肯錫香港分公司總經理倪以理也認為，人和機器共事將成為未來社會的常態，需要思考的是職業重新配置的問題，而非大規模失業。可能會出現暫時性的失業，然而機器會替代那些重複的勞動，讓人類有時間去做

只有人類才能做的事情，令人性化得以加強。

報告同時指出，由於部分工作活動的自動化改變工作流程，人類工作的性質將發生根本改變。這種轉變將帶動企業組織架構、產業競爭格局與基礎和商業模式跟著改變。

維吉尼亞大學達頓商學院企業管理教授 Ed Hess 認為，如果人類可以做智能機器無法勝任的工作，人類就可以在人工智能時代找到有意義的工作。這類工作需要更高階的思維——批判思維、創造性思維、創新思維、想像思維，如心理學家、社會工作者、小學教師——因為這些職業需要真正理解「人的意義」。就業數據也表明，隨著自動化的推廣，與機器互動的領域，如建築工作、工廠製造和機器操作方面的就業機會正在快速下滑，而注重人機互動技能的工作，如健康醫療領域則出現了爆發式增長的就業機會。在過去，自動化技術導致了所謂的就業市場兩極分化，因為需要中等技能水準的工作（包括出納員、文員和某些流水線員工）更容易被程序化，然而，最近兩極分化的過程似乎中斷了（Autor, 2014；Schmitt, Schierholz & Mishel, 2013）。高技術工作需要問題解決能力、直覺和創造力，低技術工作需要環境適應能力和當面溝通能力，它們都不能被輕易程序化。

6.2.7 人工智能技術進步對國際就業市場的影響具有較大差異

麥肯錫全球研究院在 2017 年 1 月發布的《未來產業：自動化、就業與生產力》報告中指出，目前全球生產力增長放緩，而包括機器人技術、人工智能及機器學習等在內的自動化科技為不少國家的經濟發展注入強心針，並有效減弱因適齡勞動人口數量下降而帶來的影響。報告預計，到 2055 年，全球經濟體 49% 的有薪工作中，將借由現有科技的改善而實現自動化，而受自動化影響最大的國家為中國與印度。報告數據顯示，全球經濟中可自動化的工作內容涉及 11 億名員工以及 11.9 兆美元的工資支出。中國、日本、印度和美國四大經濟體受到的影響將尤為明顯，這四大經濟體可自動化的工作職位占全球總量的三分之二，相當於全球薪資總支出的一半以上。此外，歐洲也受自動化顯著影響：法國、德國、義大利、西班牙和英國將有逾 5,400 萬名全職雇員和逾 1.9 兆美元的薪酬支出受影響。

6.3 人工智能偏向型技術進步對中國就業替代率的測算

6.3.1 中國勞動替代潛在規模

參考 Frey 和 Osborne（2013）的研究思路，按照行業進行估算，由於不同行業從事的工作內容不同，可替代率不同，分別估算各個行業替代規模然後加總，可以估計大致的總替代規模。2015 年，中國城鎮就業分佈在 19 個大行業中，各行業就業規模如表 6-2 所示。按照 Frey 和 Osborne（2013）對各行業就業可被電腦化替代率的估計，並假設電腦、自動化和人工智能替代勞動的比例在美國和中國是相等的（長期看可能成立），則可以根據已有文獻的就業崗位替代率估算中國的勞動替代潛在規模。

表 6-2　　　　中國各行業和總體就業替代估算結果

行業	替代率	城鎮就業替代人數（萬人）	行業	替代率	城鎮就業替代人數（萬人）
總計	0.45	16,544	水利、環境和公共設施管理業	0.53	144.8
農林牧漁業	0.54	145.8	批發和零售業城鎮	0.57	5,087.2
金融業	0.57	343.1	居民服務和其他服務業	0.4	490.7
採礦業	0.45	245.6	交通運輸、倉儲及郵電通訊業	0.7	900.3
房地產業	0.89	370.6	教育業	0.088	152.8
製造業	0.43	3,370.8	住宿和餐飲業城鎮單位	0.66	1,106.4
租賃和商務服務業	0.37	799.3	衛生、社會保障和社會福利業	0.2	168.3
電力、燃氣及水的生產和供應業	0.65	257.4	資訊傳輸、計算機服務和軟體業	0.23	80.3

表6-2(續)

行業	替代率	城鎮就業替代人數（萬人）	行業	替代率	城鎮就業替代人數（萬人）
科學研究、技術服務和地質勘查業	0.13	53.4	文化、體育和娛樂業	0.33	49.2
建築業	0.59	2,188.3	金融業	0.57	343.1
公共管理和社會組織	0.36	589.6			

資料來源：趙忠，孫文凱，葛鵬. 人工智能等自動化偏向型技術進步對中國就業的影響[J]. 中國人民大學政策簡報，2018.

從表6-2可以看出，中國城鎮勞動力市場被人工智能為代表的技術進步替代的潛在比例為0.45，即45%的城鎮就業人口存在可替代風險。這和Frey、Osborne（2013）對美國估算的47%接近。總體看，城鎮就業潛在被替代的規模為1.65億人。由於中國企業就業人口多半在製造業和批發零售業，這兩個行業的平均替代率分別為0.43和0.57，這兩個行業的潛在被替代的工作崗位總量很大。此外，加上未列出的農村私營和個體接近3,500萬人的可替代規模，總計在企業及各類單位中可替代規模近2億人。當然，這個估算忽略了由於人工智能帶動的新需求創造的新勞動崗位，以及可替代勞動轉入較難替代行業的可能。雖然按照上述測算，企業及各類單位中近2億人為容易被替代的高危人群，但人工智能對中國勞動者的替代過程會長於發達國家。

6.3.2 影響中國勞動替代的原因

影響中國勞動替代的主要原因包括：一是中國勞動力成本與發達國家相比仍有明顯差距。在權衡技術成本與勞動成本之後產生的技術替代，需要更長時間；二是人工智能替代將首先緩解勞動力供給不足的問題。中國勞動力從2011年後開始出現絕對數量的下降，部分地區出現「用工荒」，技術進步將彌補勞動力不足，而非完全替代。三是人工智能實現大規模應用尚需技術的進一步成熟。在德國等發達國家由「工業3.0」推進到「工業4.0」時，中國很多產業還處於工業2.0階段，技術的更新換代和推廣還需要時間，一段時期內，中國勞動替代問題不會太大。

6.4 人工智能技術進步對中國電子商務就業影響的實證研究[①]

6.4.1 研究所使用的方法

人工智能對就業的影響研究所使用的方法：一是基本上都是從統計角度簡單地對已有崗位、職業的假設性估測，這與商家真實崗位實踐、動態發展的職業分類存在較大出入。二是基本上都是一種預測，即測算人工智能對職業的影響，然後通過對職業的影響來推導對崗位的影響。主要是通過對管理者的調查來對未來預判，無法獲得現實應用下人工智能對就業影響的實際數據，而預測與實際情況相去甚遠。三是研究對象基本都是西方發達國家，缺乏對中國實際情況的研究。

研究的主要內容包括：第一，測算人工智能對電商行業具體工作崗位就業人數變化。本書將阿里巴巴平臺大量天貓、淘寶的商家作為研究對象，梳理了不同類別的電商部門的崗位，具體測算這些崗位在人工智能使用前後的就業人數變化。第二，測算已受人工智能影響崗位就業人數的實際變化。本書梳理了阿里巴巴平臺上已應用的人工智能技術，技術具體應用的崗位，再測算人工智能對崗位就業人數的實際變化。研究中國電商行業就業受人工智能影響的實際情況。

2. 研究分析框架

早在 2013 年，阿里巴巴平臺就開始應用人工智能技術，同時，平臺上交易規模及就業機會均呈現上升趨勢。根據中國人民大學勞動人事學院 2018 年 3 月公布的《阿里巴巴零售電商平臺就業吸納與帶動能力研究》報告顯示，2017 年，阿里巴巴平臺總體為中國直接、間接創造 3,681 萬個就業機會，較 2016 年增加近 300 萬個。人工智能技術是否會影響電商的就業結構？目前主流判斷是：在就業結構上來，簡單重複類的體力和腦力勞動都將直接受到衝擊，而非程序性的工作將會受益。那麼客服等簡單重複的工作崗位是否會受到人工智能技術的衝擊呢？報告直接測算已應用人工智能的崗位和部門的就業變化。

[①] 阿里研究院. 人工智能在電子商務行業的應用和對就業影響研究報告 [R]. 北京：中國發展研究基金會，2018.

課題研究的三大問題：

第一，人工智能對電商就業帶來的影響？

第二，人工智能對電商商家經濟效益帶來的影響？

第三，人工智能帶來的經濟效益變化與對就業變化，二者之間的關係？

3. 課題調研

課題數據和資料來源於兩部分：一是商家定性調查，通過對阿里巴巴平臺商家和服務商的深度訪談；二是商家問卷調查和後臺數據匹配。

（1）實地調研。

本書課題組於2017年11月—2018年1月在北京、杭州、上海等地調研了阿里巴巴平臺上典型商家和服務商、阿里巴巴智能化技術業務負責人。瞭解商家（服務商）營運歷史和現狀，業務各流程智能化工具的使用情況及其對崗位就業、人員收入和經營績效等。

通過調研，主要發現如下：

第一，阿里巴巴平臺常用的智能化工具主要有三種——智能客服、智能化店面設計（如魯班）、生意參謀。智能客服利用客服機器人與顧客進行常規溝通，以把客服人員從重複、簡單的客戶溝通中解放出來，使他們著力解決顧客遇到的複雜問題。智能化店面設計利用人工智能技術幫助電商訂製商品詳情頁等頁面，商戶只需提供商品基本素材便可得到設計好的店面宣傳資料。生意參謀利用大數據分析技術，為電商提供店鋪的經營數據及與其他店鋪的對比分析，為電商業務發展提供決策參考。

第二，對大多數電商來說，業務量的快速增長是其採用智能化工具的主要原因。採用智能化工具之後，業務效率顯著提升，避免了人工成本的快速上漲。

第三，智能化技術應用處於電商業務的上升期，並未造成明顯的員工失業；因為工作效率的提升，人員收入和商家績效都有明顯提升。

（2）問卷調查和數據匹配。

基於實地調研情況，本書課題組編製了調查問卷，問卷包括四個部分：商家電商部門的基本情況（商家名稱、人員規模、平均年齡、學歷水準、收入水準、業務量及業務內容等），人工智能技術的使用情況，人工智能技術（智能客服、智能化店面設計和生意參謀）與員工就業和員工收入的關係，受訪者對人工智能技術未來影響的看法。

2018年1月底至2月初，本書課題組委託淘工作平臺針對阿里巴巴天貓、淘寶平臺商家進行問卷調研，問卷觸達商家超過10萬家。經過回收和清理，共得到1,285個有效樣本，每個樣本代表在平臺上營運商家的信息。

通過調研商家名稱與阿里巴巴平臺後臺數據進行匹配，補充商家更多信息（開店時間、所在城市、所售產品類別、月度銷售額等）。經匹配後，有效樣本量變為 10,486 條。

6.4.2 數據來源

數據樣本包括天貓和淘寶平臺上不同級別、不同規模、不同地域和不同類目的商家。

（1）樣本商家平臺覆蓋情況。

1,285 家受訪商家中，915 家為天貓商家，466 家為淘寶商家，其中有 96 家商家在兩個平臺同時開設網店。樣本覆蓋了阿里巴巴的主要平臺，可綜合反應不同平臺的規律特徵。

（2）樣本商家規模情況。

本次填答問卷的商家中星級店鋪占 50%，鑽級店鋪占 32%，冠級和皇冠級店鋪均占 9%，從非星級店鋪到最高級別店鋪，都有代表性樣本。填答問卷商家中，2017 年月均銷售額 10 萬元以下的有 501 家，占 46.3%；10 萬元~100 萬元的有 352 家，占 32.4%；100 萬元~300 萬元的有 118 家，占 10.9%；300 萬元以上的有 115 家，占 10.6%。

（3）樣本商家分佈情況。

樣本商家位於全國各大城市，一線城市 7 樣本商家 362 家，占 34.5%；二線城市商家 188 家，占 17.9%；三線城市商家 206 家，占 19.7%；其他城市商家 292 家，占 27.9%。前十大城市為廣州、深圳、上海、北京、杭州、蘇州、溫州、金華、東莞和泉州。

（4）樣本商家類目情況。

阿里平臺商家包括 26 大類，本次調研商家類別主要包括生活用品、衣著、食品菸酒類商家，占全部樣本的 80%。商家具體類別分佈如表 6-3 所示。

表 6-3　　　　　　　樣本商家分佈商品

類別	樣本量（個）	樣本占比（%）
食品菸酒	140	13.5
衣著	330	31.7
居住	9	0.9
生活用品	378	36.3

表6-3(續)

類別	樣本量（個）	樣本占比（%）
交通和通信	42	4.0
教育、文化和娛樂	84	8.1
醫療、珠寶和其他實物	39	3.8
服務類	19	1.8

（5）樣本商家情況

①樣本商家電商團隊人員規模呈擴張趨勢。

團隊成立時，只有27.5%的受訪商家超過10人。目前，54.6%的受訪商家電商團隊人員規模在10人以上，人員規模呈現明顯的擴張趨勢。如圖6-5所示。

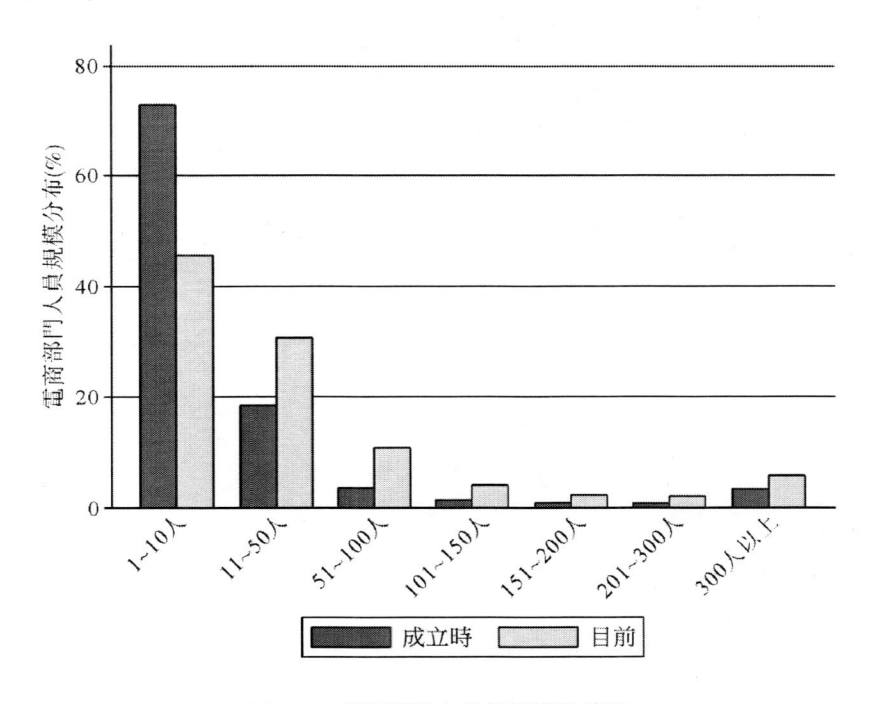

圖6-5 電商團隊人員規模變化情況

②樣本商家電商團隊人員年輕、學歷高

受訪商家電商團隊人員總體較年輕，以 80 後和 90 後為主。其中 26~30 歲的人員最多，占 57.7%。平均而言，受訪商家電商團隊大專及以上學歷人員約占 55.1%，顯著高於社會平均學歷水準。

③樣本商家電商團隊人員收入增長較快

成立初期，電商團隊人員月均收入高於 4,000 元的商家只占 28.3%。目前，月均收入高於 4,000 元的商家約占 64.9%。人員月均收入較成立初期上漲明顯，如圖 6-6 所示。

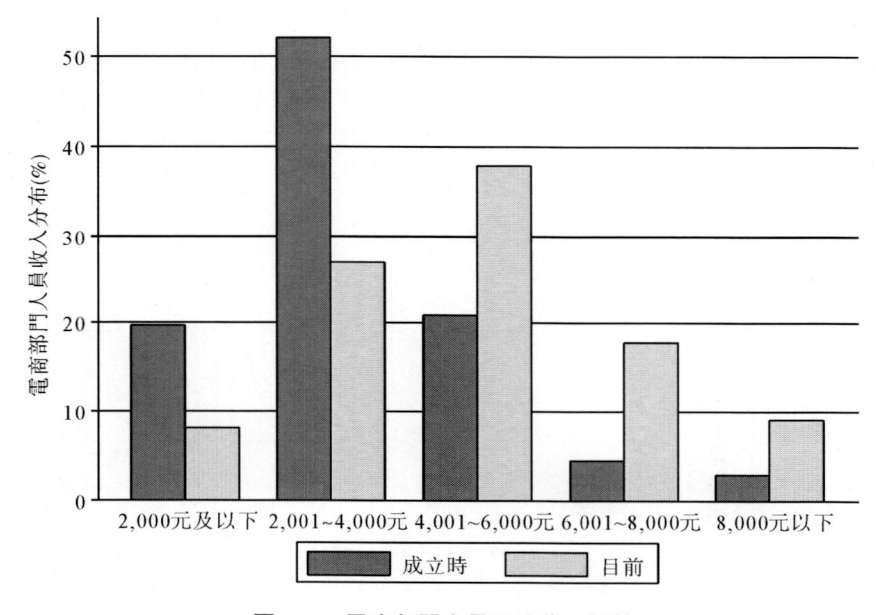

圖 6-6　電商部門人員月均收入態勢

④樣本商家業務量快速增長

受訪商家的電商業務量近 5 年來增長迅速。43.8%的商家電商業務量年均增長率在 50%以上，其中約 1/4 商家的電商業務量實現年均翻番。具體來說，年月均銷售額從 2013—2014 年的平均增幅為 133.2%，從 2014—2015 年的平均增幅為 99.1%，從 2015—2016 年的平均增幅為 33.9%，從 2016—2017 年的平均增幅為 20.3%。2017 年，樣本電商的月度銷售額均值已達到近 300 萬元。電商商家銷售額基數擴大，年均增幅收窄，但仍數倍於中國經濟平均增速。

6.4.3 人工智能應用對電商崗位就業、收入的影響數據分析

1. 對電商崗位就業的影響

（1）人工智能在電商行業使用對就業的正向作用遠超負向作用

數據顯示，智能客服工具使用後，客服人員規模維持不變或增加的商家超過80%，根據綜合測算，阿里平臺客服崗位人員約有100萬人，最終可能被智能化客服工具替代的人員只占6.9%，約為5.2萬人；智能店面設計工具使用之後，設計人員規模維持不變或增加的商家約占九成，根據綜合測算，阿里平臺設計崗位人員約有40萬人，最終可能被智能化店面設計工具替代的人員只占5.8%，約為2.3萬人；生意參謀等智能化數據分析工具使用之後，數據分析人員規模維持不變或增加的商家高達九成以上，根據綜合測算，阿里平臺設計崗位人員約有39萬人，最終可能被智能化店面設計工具替代的人員只占5.4%，約為2.1萬人。因此，在商家業務量不斷增長的情況下，智能化工具的使用對約180萬個崗位產生影響，其中有170萬個崗位使用智能工具以提升工作效益，有9.6萬個崗位存在替代可能，如圖6-7所示。

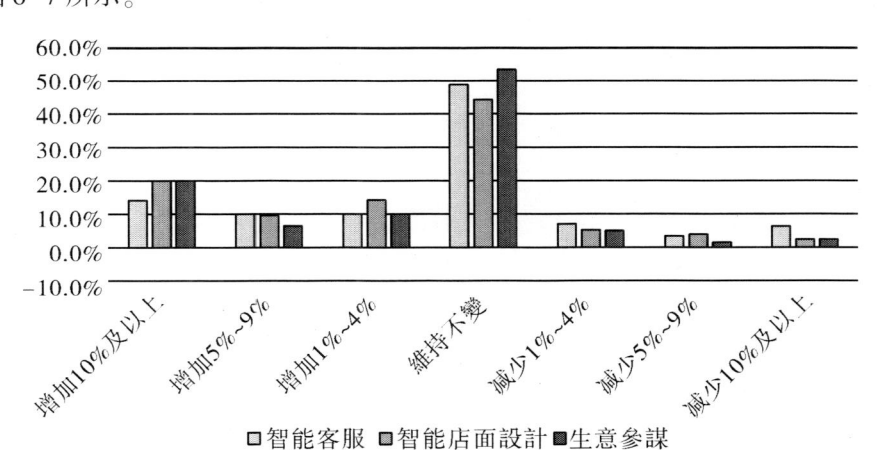

圖6-7 三大智能技術使用後人員規模變化

總體而言，如圖6-8所示，相對於設計人員和數據分析人員，客服是技術水準相對較低的崗位，比較容易被智能化技術替代。智能化技術使用之後，客服人員增加10%及以上的可能性最低，而減少10%及以上的可能性最高。

（2）常規性的體力工作或認知工作較容易被人工智能技術替代，而非

● 人工智能技術進步對勞動就業的影響研究

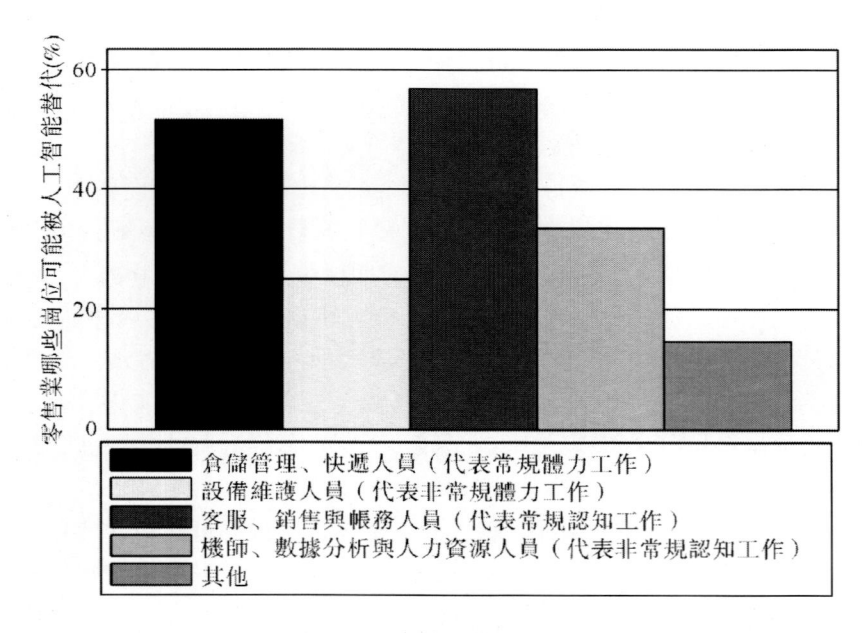

圖6-8 常規性體力或認知工作被智能化技術替代的判斷

常規體力或認知工作被替代的可能性較小

儘管客服人員減少的電商商家不超過20%，但我們仍需關注這部分人員的安置問題。數據顯示，在發生了技術替代人的商家中，只有5%的商家選擇直接解聘員工；七成多的商家選擇讓被替代的員工轉崗或調崗，如圖6-9所示。因此，即便少數電商商家出現了技術替代人的現象，這也不意味著大規模失業。需要注意的是，在轉崗或調崗的情形中，培訓後轉崗或調崗的人員占多數，這意味著多數被技術替代的員工在轉型過程中獲得了技能或業務素質的提升，這對員工個人發展具有積極意義。除了上述統計性描述，本書還採用計量經濟學領域的倍差法分別評估了智能客服工具、智能店面設計工具以及生意參謀對就業的因果效應。結果顯示：使用智能客服對客服人員數量的因果效應為0，使用智能店面設計工具對設計人員數量的因果效應為0，使用生意參謀對數據分析人員數量的因果效應也為0。根據統計結果，報告認為：智能工具的使用並未替代從事相應工作任務的人員。

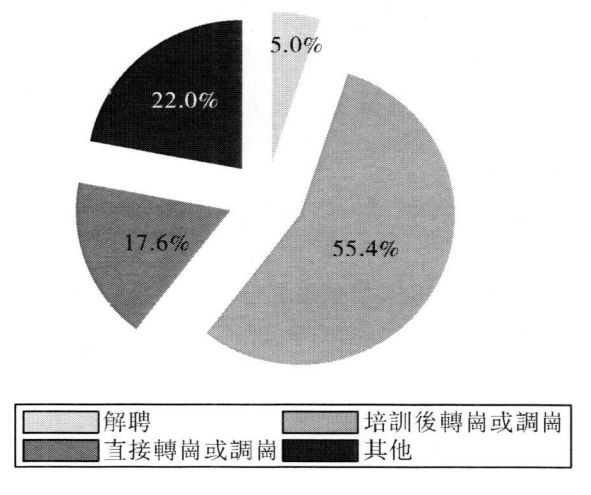

6 人工智慧技術進步對勞動就業的影響

[饼图：解聘 5.0%、培訓後轉崗或調崗 55.4%、直接轉崗或調崗 17.6%、其他 22.0%]

圖 6-9　人員分配情況

2. 對電商崗位收入的影響

（1）智能化技術使用對崗位收入的正向作用遠超過其負向作用。

調研數據顯示，在智能客服使用之後，客服人員收入維持不變或增加的商家達到 93%；在智能化店面設計工具使用之後，設計人員收入維持不變或增加的商家接近 95%；在智能化數據分析工具使用之後，數據分析人員收入維持不變或增加的商家更高達 96%。與就業效應一致，客服人員收入增加 10% 及以上的可能性低於其他兩類人員，但客服人員收入降低的可能性與其他兩類人員沒有明顯差距，如圖 6-10 所示。

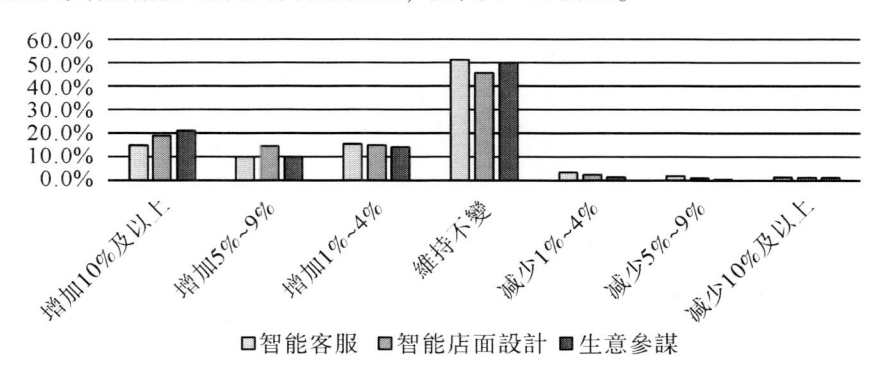

[柱狀圖：智能客服、智能店面設計、生意參謀在增加10%及以上、增加5%~9%、增加1%~4%、維持不變、減少1%~4%、減少5%~9%、減少10%及以上的分布]

圖 6-10　三大智能技術使用後人員收入變化

（2）使用人工智能的商家崗位收入普遍高於未使用人工智能的商家。

使用智能客服的商家的客服人員收入比未使用智能客服的商家的客服人員的收入高 5.6%；使用智能店面設計供給的商家的設計人員收入比未使

用智能店面設計的商家的設計人員收入高 7.7%；使用生意參謀的商家的數據分析人員收入比未使用生意參謀的商家的數據分析人員收入高 9.8%。使用智能客服工具對客服部門人員數量、月收入和銷售額的因果效應如表 6-4 所示。

表 6-4　使用智能客服工具對客服部門人員數量、月收入和銷售額的因果效應

	（1）人均銷售額	（2）銷售額	（3）人員數量	（4）人員月收入
是否使用智能工具	−0.283***	0.108**	0.035,6	0.055,9***
	(0.067,4)	(0.049,8)	(0.088,2)	(0.020,7)
成立後多久使用智能工具	−0.019,1	−0.037,0***	−0.053,8***	−0.080,2*
	(0.016,4)	(0.012,6)	(0.018,2)	(0.004,66)
一線城市	−0.231**	−0.064,0	0.210*	−0.014,4
	(0.092,4)	(0.066,0)	(0.126)	(0.028,4)
二線城市	−0.201*	−0.115*	0.034,4	−0.012,3
	(0.103)	(0.065,8)	(0.153)	(0.030,7)
三線城市	−0.237**	−0.067,6	0.211	0.004,80
	(0.104)	(0.071,8)	(0.148)	(0.034,6)
所售商品的主要種類（相對於食品菸酒）				
服裝	−0.058,2	0.081,6	0.183	−0.004,03
	(0.100)	(0.061,6)	(0.160)	(0.035,0)
家居	−0.344	−0.150	0.418	0.054,6
	(0.406)	(0.204)	(0.448)	(0.095,9)
生活用品	−0.164*	0.069,0	0.207	3.390,7
	(0.096,1)	(0.062,4)	(0.136)	(0.036,4)
交通和通信	−0.070,6	0.068,4	0.323	0.002,04
	(0.182)	(0.149)	(0.229)	(0.060,2)
教育、文化及娛樂	−0.209	0.036,1	0.115	−0.039,3
	(0.127)	(0.070,3)	(0.184)	(0.045,5)
醫療、珠寶和其他實物	0.552*	0.478*	0.068,7	0.000,302
	(0.306)	(0.260)	(0.180)	(0.054,0)

表6-4(續)

	(1) 人均銷售額	(2) 銷售額	(3) 人員數量	(4) 人員月收入
服務類	−0.421**	−0.285*	0.489	−0.015,0
	(0.210)	(0.157)	(0.327)	(0.068,7)
期初人均銷售額	−0.096,3***			
	(0.018,8)			
期初銷售額	−0.061,8***			
	(0.014,9)			
使用智能工具之後的銷售額			0.058,3***	0.010,7***
			(0.018,7)	(0.004,61)
常數	0.895***	0.290***	−0.844***	−0.083,4
	(0.131)	(0.101)	(0.231)	(0.059,5)
樣本量	697	711	828	821
R^2	0.109	0.084	0.031	0.021

註：括號內表示穩健標準；*** 為 $p<0.01$，** 為 $p<0.05$，* 為 $p<0.1$。銷售額和人均銷售額均為對數形式。

6.5　人工智能技術進步對就業影響的機理

6.5.1　人工智能技術進步對就業總量的影響機理

1. 人工智能技術進步對勞動就業的排擠效應

人工智能技術進步對就業產生排擠效應，即「機器換人」，造成就業量減少，引發一系列負效應，主要包括以下幾個方面：

首先，人工智能技術進步變革了勞動手段，使分散的手工勞動逐漸向機械化、自動化的規模生產轉變，在這個演變過程中，傳統機器加速更新換代，先進工具設備推廣應用，大大提高了經濟效率，提升了產出水準，同時單位產出的生產週期縮短，所需勞動量也減少，大量勞動者被排擠出來。雖然研發和製造新機器也能促進就業，但是難以彌補新技術對勞動力的替代，尤其是在各國產業革命的初期，人工智能技術進步對就業的排擠

作用十分明顯，農業機械化、專業化生產線的引進等就是很好的例證。

第二，人工智能技術進步使產品的生命週期愈來愈短，比如電子資訊產品，那些無法追趕技術變化而遭淘汰的產品就造成局部的高失業流產生；同時，企業的投資回報期也相應變短，等價於投資收益的淨貼現率降低，會抑制新企業的進入並阻礙就業崗位的增加，進一步增加了新成長勞動力以及失業者再就業的困難，一輪技術衝擊過後，失業率會上升到新的較高的穩定狀態。

第三，人工智能技術進步改變了產業結構和對勞動力的需求結構，新興產業和勞動力素質短期內難以完全符合技術變化的要求，造成短期就業量下降。對於勞動者來說，其自身技能的提高和更新過程相對漫長，而人工智能技術進步使產品、設備的生產和更新週期縮短，這就使低技能勞動者與高技術產品之間的不匹配現象出現，新技術將低技能勞動者排擠出來，造成結構性失業，這在科技革命出現的早期較為明顯。對於新興起的產業和行業來說，組織架構、資本累積等在人工智能技術進步的初始階段尚不成熟，經過一段時間才能協調，因此人工智能技術進步難以發揮應有的就業推動作用。

由於人工智能技術進步對就業的作用路徑比較複雜，而且受到諸如社會制度、需求環境等外部因素的影響，所以人工智能技術進步對社會就業的綜合作用結果並不明確，但我們可以透過傳導機制來深入探討這一問題，如圖6-11所示。

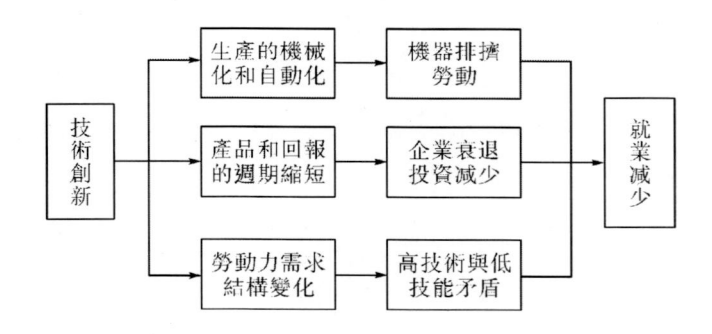

圖6-11　人工智能技術進步對就業排擠效應的傳導路徑

2. 人工智能技術進步對就業的補償效應

雖然人工智能技術進步會帶來就業量的下降，但也開闢了多種渠道補償就業損失：

第一，價格渠道。人工智能技術進步促進勞動生產率提高，進而引起

生產成本和商品價格下降，在名義收入不變的情況下，價格下降刺激了商品需求上升，拉動社會總需求上漲，企業擴大生產規模，就業隨之增加。在這一傳導過程中，由於不同商品價格的變動是相對的，商品需求的改變使部門和行業的產出也發生變動，影響到相應領域的就業狀況。比如，製造業的人工智能技術進步率較高，製造品的相對價格較低，產品需求增加，阻礙了勞動就業流向其他部門。此外，資本成本和勞動成本的相對變動還會影響到資本和勞動的替代，當勞動力的相對成本較低時，經濟對勞動力的需求上升，現代服務業的勞動密集化就是很好的例證。

第二，收入渠道。人工智能技術進步極大地促進了經濟發展和人民生活水準的提高，收入增加以後，人們的需求層次也由基本的生存需要升級到享受和發展需要，改善居住環境、增加閒暇時間等一系列要求促進了新能源開發，科教文衛事業的發展以及商業、餐飲、旅遊等服務業的崛起。人工智能技術進步的財富效應對勞動就業帶來了許多積極影響：一是消費者的預算曲線向外移動，消費的增長引起社會有效需求增加，產品的總供給便隨之增長，社會就業量相應增加；二是財富增長為投資需求提供了資金支持，興辦新企業造就了大量就業崗位；三是一部分擅長經濟管理的勞動者抓住機遇直接創業或投資，開闢了增加就業的新途徑。

第三，人力資本投資渠道。人工智能技術進步對勞動者的技能、素質和知識構成提出了新的更高的要求，一方面，越來越多的人選擇延長受教育年限，另一方面，人們越來越重視更新知識儲備，提高勞動技能，加大以培訓和技術教育等為主要方式的人力資本投資。追求更高層次教育水準的勞動力，延緩了實際就業時間，為增強自身勞動技能和知識儲備而進行再教育的人們帶來了一些崗位空缺，這些都有效減緩了就業壓力。

第四，技術擴散渠道。一項人工智能技術進步出現並投入生產領域，能夠擴大社會分工，以新產業為中心帶動相關產品的生產，企業、產業和區域的發展，帶來了大量就業機會。在社會化大生產的環境下，不同企業、行業和產業間存在著一定的聯繫，當一個部門實現人工智能技術進步之後，技術的擴散效應就會發生作用，沿著關聯企業的鏈條，由內而外，從核心部門向相關部門再向外圍部門延伸，會為外圍產業的就業增長做出貢獻，以此帶動整體就業的增加。值得注意的是，人工智能技術進步使社會分工的含義發生了變化，知識累積和進步引發知識分工，使就業出現新形式的變化，產業和部門內部依據技術探討分工，就業範圍不斷擴大。比如新興第三產業的技術變革催生了美國矽谷等一系列新技術產業園區，帶動了大批就業；醫學領域的人工智能技術進步細化了醫院內部分工，複雜疾病需

要各領域的專家會診，細化分工增加了對知識人才的需求。

　　第五，國際效應。隨著全球經濟一體化的推進，技術和知識突破國際壁壘，在國際間廣泛流動，世界各國的經濟聯繫日益緊密，展開了廣泛的國際競爭和分工合作，給經濟發展和就業增長帶來深刻影響。首先，國際貿易成為拉動經濟增長的重要環節，近年來，高新技術產品在進出口貿易的比重逐年增加，圍繞技術和知識這一競爭熱點，推動了各國高科技產業的就業增長。其次，外商直接投資帶來了先進的技術和大量建設資金，通過招商引資擴大出口和就業也能間接發揮技術的就業帶動效應。再次，對外勞務輸出拓寬了國外就業渠道，而且國際交流有利於勞動者的素質和技能的提升。人工智能技術進步對就業的影響機理如圖 6-12 所示。

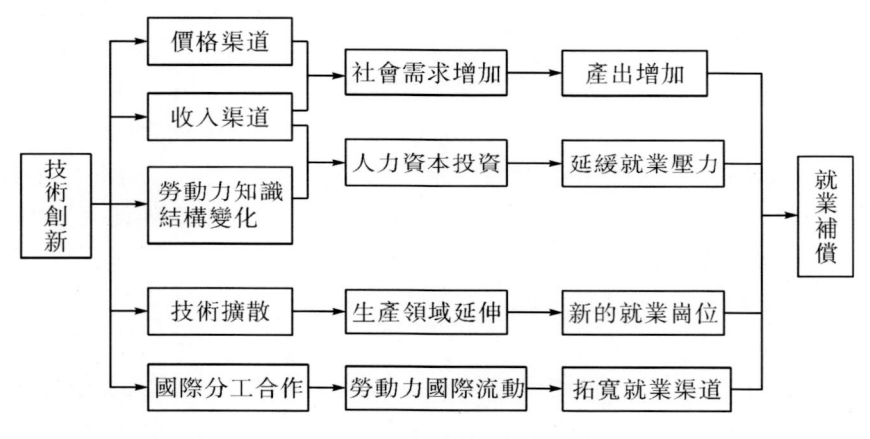

圖 6-12　人工智能技術進步對就業補償效應的傳導路徑

6.5.2　人工智能技術進步對就業結構的影響機理與路徑

　　人工智能技術進步引導著資本、勞動等生產要素在市場經濟中實現優化配置，使經濟結構進一步調整以適應不斷提高的生產力要求，人工智能技術進步→產業調整升級→經濟增長成為推動經濟發展的重要途徑，就業結構也隨之發生變動。人工智能技術進步對就業的結構性影響主要是技術對勞動的再配置造成的，主要體現在對產業、行業和勞動力素質結構三個方面。一方面，人工智能技術進步使各產業部門的生產率水準發展不平衡，加速三大產業之間的勞動力流動；另一方面，人工智能技術進步引發部門內部崗位設置變化，進而影響勞動需求結構的變動。

1. 產業結構效應

產業結構調整受到多種因素影響，主要包括資本、資源、勞動等供給享賦性要素（基礎條件），收入、消費等需求因素，社會體制、發展戰略等制度因素（造成不同經濟體的效率差異）和最根本的技術因素。配第－克拉克定理表明產業結構的變動必然引起勞動就業的一致性調整，各大產業的產出變化直接影響著產業內部的就業吸納能力和部門間的勞動力分配情況。產業間的生產率和資本有機構成差異，推動勞動力從就業吸納能力差的資本密集部門向吸納能力強的勞動密集部門轉移，導致就業的結構性調整。

傳統產業結構演進理論認為生產效率不同及由此決定的收入水準差異是導致勞動力在產業間流動轉移的先決條件。而人工智能技術進步決定生產效率的變化，因此人工智能技術進步可以通過產業結構調整的途徑造成就業結構的根本性變動。人工智能技術進步必然使一部分產品過時，與之相關的行業部門萎縮，退出市場，分離出閒置勞動力資源，同時又開闢新的經濟增長點，開發出新產品，誘導新企業和勞動力進入，形成新的行業，引致了大量就業需求，使技術對就業的破壞和補償效應同時存在。

縱觀世界各國的發展歷程，不同的工業化進程決定了不同的就業結構變動方式，英、法、德等老牌資本主義國家率先進入工業化階段，勞動力從第一產業解放出來，順次流入工業部門，最後向第三產業轉移，這種以「一、二、三」產業順序進行的勞動力漸進流動的就業結構調整被稱為「遞進型變動」；美、日等後起的資本主義國家，工業化進程相對較快，第二產業技術水準提升迅速，新技術向生產領域的轉化時差較短，各部門技術改造幾乎同步發展，新興工業部門因較高的資本有機構成而無法提供足夠多的崗位來吸納第一產業的剩餘待轉移勞動力資源，因此勞動力只能依靠第三產業安置，這種「一、三、二」的勞動轉移次序所帶來的就業結構調整稱為「跳躍型變動」，第一產業就業比重下降，第二產業變動不大，第三產業就業比例有了很大提升。

2. 技能效應

人工智能技術進步以技能和知識水準為篩選條件，將勞動力劃分為不同的技能、經驗和素質層次，使就業群體構成發生變化。大多數勞動者能夠適應對知識技能要求較低的簡單技術改造，而高端設備的應用則必須配備相應高素質層次的勞動力。技術的推陳出新使勞動者的工作任務不斷變化，不同技能層次勞動力出現難以避免的替代或互補現象，企業在財富最大化的導向下選擇人工智能技術進步類型，對高、低技術水準勞動力的不同需求變動導致了勞動就業崗位的結構性調整。總的來說，在早期工業化

階段向現代知識經濟的推進過程中，技能退化型人工智能技術進步逐漸被技能偏好型人工智能技術進步所取代，高素質的勞動力受到更多青睞，低素質的勞動者更容易面臨失業困境。

3. 行業分工效應

人工智能技術進步擴大和細化了勞動分工，產業之間的就業範圍有所擴展，新興第三產業的技術變革帶動新興部門的出現，進而帶動與之關聯的原料採集、工序生產、產品運輸銷售、售後支援等上下游和橫向企業的發展，形成龐大的人工智能產業鏈和生態圈層，引導勞動力資源在行業間加速流動和再分配。另外，根據知識累積和人工智能技術進步，產業和部門內部重新探討分工，對專業人才的需求不斷增加，就業範圍不斷擴大。以機器人技術行業為例，設計階段研發人員需求增加，帶動了一批科研機構的興起，高校、科研機構和企業之間建立聯繫，系統分析、程式設計等應技術發展要求而產生的新職業隨後出現，生產階段工序的細化既需要高級技工也需要普通流水線工人，銷售階段的搬運、儲藏、運輸以及售後的服務環節都需要充足的勞動力資源支撐，這些連帶效應增加了各個技能層次勞動者的崗位數量。

4. 賦能效應

人工智能技術進步和知識傳播加快了世界各國經濟的資訊化進程，發達國家憑藉技術的絕對領先地位，不斷向外輸出前沿智力資源，技術落後的發展中國家如果不能抓住新科技革命的發展機遇，則難以改變目前的原料加工、初級產品製造的世界工廠地位，勞動力資源的國際分工調整壓力將越來越大。

人工智能技術進步和資訊化對就業觀念、就業模式和就業政策提出更高的要求，傳統就業方式正在經歷變革。知識技術的普及和推廣，使體力勞動者和簡單勞動者的數量遞減，而對從事信息處理的知識工人和高層管理人才的需求量增加，資訊技術工作在總體就業中的比重越來越高。資訊化和技術化引起勞動就業結構的大洗牌，這一趨勢不可阻擋，短期內負面影響顯著，結構性失業現象突出，但從長期來看，隨著勞動者知識結構的完善和技能水準的提高，逐漸適應新行業和新職業的崗位要求，就業結構的調整將展現積極的一面，如圖6-13所示。

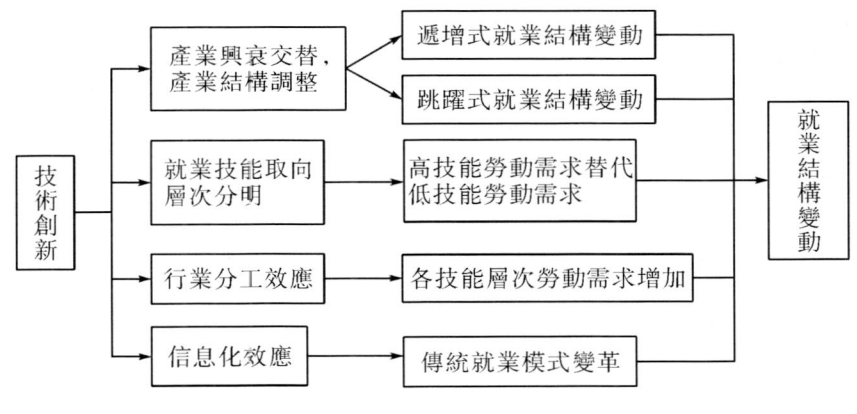

圖 6-13　人工智能技術進步對就業結構的影響

6.5.3　不同類型人工智能技術進步對就業的動態作用路徑

在不同的分類標準下，人工智能技術進步可以劃分成多種類型，其中比較典型的一種劃分是依據創新對象的分類。一類是對產品本身進行變革的產品創新，指通過引入新的中間品、研發設計等技術上的突破，研發新的產品或者更新舊有產品，如提高產品的質量和性能，增加新的花色和品種等，其作用在於提供新產品，創造新需求，開拓新市場，促進技術成果的商品化，對經濟增長產生一種需求效應；另一類是對生產工藝進行變革的過程創新，通過追加新投資、引進新技術等方式對材料、工具、生產方法和組織形式進行變革，以節約能耗，其作用在於提高生產效率，對經濟增長產生一種供給效應。

1. 產品創新對就業的影響路徑

從企業層面來講，產品創新的技術選擇能夠創造出新的市場需求，帶動產出增加，規模擴大，利潤提高，從而提供更多的就業機會，對就業起到一定的拉動作用。企業的發展壯大為行業和區域發展奠定了基礎，當產品創新發生擴散之後，人工智能技術進步的乘數效應就會產生作用，一系列新產業興起發展，對經濟增長產生明顯的需求拉動作用。

一項產品創新在市場上獲得成功之後，除了創新企業本身擴大再生產之外，還會吸引其他企業購買技術而進入該行業，或者加以改造開發類似產品，進入企業的數量不斷增加，產品的生產和市場規模都達到了產業化的條件。例如，20世紀最為活躍的微電子產品和計算機產業就是在電晶體、積體電路、半導體技術等一次次人工智能技術進步的推動下發展起來的，

電視、冰箱、音響等電子產品得到迅速開發，計算機硬體的普及又催生了前景廣闊的軟體產業形成，極大地促進了經濟和就業增長，使技術變革成為創造就業的發動機之一。

從產業層面來講，產品創新經歷了從第二產業（輕工業、基礎工業、高加工度工業）向第三產業（傳統服務業、知識資訊服務產業）的轉移。第二產業在初期發展階段以產品創新的技術進步類型為主，一方面是為了更好地滿足人們在衣著、住房和生活必需品等方面的需求，另一方面，這種社會需求又推動了相關行業和部門的擴大，使第二產業從業人數和就業比重同步增長；隨著社會經濟的發展，人們的精神文化需要日益提升，第三產業更傾向於選擇產品創新的技術進步類型，湧現出許多新的服務產品和服務行業，既引領了大眾消費，又帶動了第三產業就業人數和就業比重的持續上升。圖6-14顯示了產品創新對就業的影響路徑。

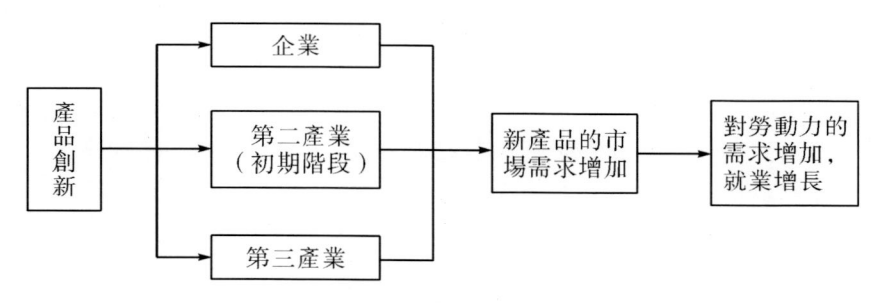

圖6-14　產品創新對就業的作用路徑

2. 過程創新對就業的影響路徑

過程創新對就業的影響比較複雜，生產工藝流程和配方的改進，降低了生產成本，並主要通過節約勞動力來提高生產效率，這可能帶來兩種截然相反的結果。從企業層面來看，一方面，在產出不變的情況下，資本有機構成提高使得勞動力逐漸被資本替代，特定企業對勞動力的需求減少；另一方面，企業用同樣的投入生產出更多的產品，可以通過降價促銷擴大產品的市場需求，或者維持原價並獲得超額利潤，進行擴大再生產以及多元化經營，最終都能促進產出增加和就業增長，因此勞動就業的最終變動取決於兩方面作用的力量對比。

從產業層面來看，第一產業主要進行農產品生產，產品創新的作用有限，主要選擇過程創新的技術進步類型，隨著社會經濟的發展和收入水準的提高，農業生產率大幅提升，而人們對農產品的需求卻趨向於減少，產品成本下降帶來的就業正效應完全被生產效率提高的就業負效應取代，第

一產業的就業總量必然降低。第二產業在經歷了產品創新的就業增長效應之後，產品種類日益豐富和完備，技術進步選擇逐漸以過程創新型為主，而且從社會整體來看，人們對該產業產品的需求相對下降，隨著時間的推移，流程創新對就業帶來的勞動力替代效應漸漸占據主導地位，那麼第二產業的就業總量從相對下降過度到絕對下降。圖6-15顯示了流程創新對就業的影響路徑。

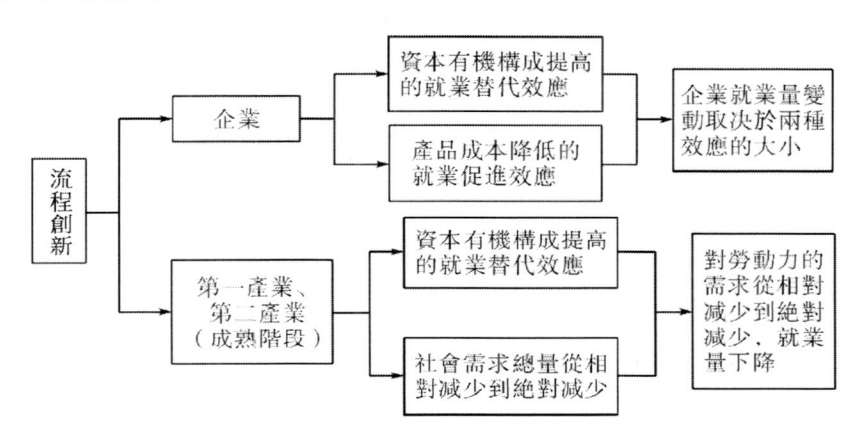

圖6-15　人工智能流程創新對就業的作用路徑

　　總的來說，當企業或產業的人工智能技術進步類型是產品創新，或者處於以產品創新為主導的發展階段時，可以通過開發新產品、升級舊產品引領新的市場需求，且不受社會需求總量的制約，必然帶動就業增長；當企業或產業的人工智能技術進步類型是流程創新，或者處於流程創新主導的發展階段時，就業變動取決於生產率提高帶來的資本有機構成提高和社會需求總量約束的共同作用，就業總量的變動因就業增長效應和就業替代效應的相對大小而異。值得注意的是，人工智能技術進步對第一、三產業的影響路徑相對清晰，長期而言，第一產業的就業量及其占比呈現下降趨勢，而第三產業就業量及其占比則呈現積極的增長態勢，而第二產業的情況卻相對複雜，總的來說，第二產業人工智能技術進步經歷了從產品創新為主導向流程創新為主導的轉變，就業總量和比重呈現絕對增加到相對減少再到絕對減少的趨勢。

　　國民經濟整體的就業變動既受到眾多企業和各大產業的就業變動的影響，也受到人口、資源、社會制度、宏觀經濟環境等外生因素的影響，各種影響的變動方向和程度不一，造成就業出現結構性變動以及就業水準的不穩定性。技術作為最重要的生產力，對經濟增長和社會就業水準起著決

定性作用，社會制度是最重要的生產關係，它能否不斷調整以滿足人工智能技術進步的要求決定著經濟增長和就業變動的結果。因此技術對就業的效應呈現一種非線性的動態路徑。

　　人工智能自動化對整個經濟體都會帶來巨大影響，它對哪些領域的影響最大，目前尚難判斷，應該針對整個經濟體來制定具有針對性的政策。另外，人工智能自動化所帶來的經濟影響和其他一些因素密不可分，例如科技的變化、全球化、市場競爭和勞動者談判能力的減弱以及過去公共政策選擇的影響。

7
人工智能技術進步對收入分配的影響

7.1 人工智能技術進步對不同要素分配和勞動收入的影響效應

人工智能技術進步在促進經濟增長、創造更多財富的同時，大量經濟學家也表現出了對人工智能或者自動化可能帶來的收入不平等加劇的擔憂。Autor（2015）指出，如果自動化會促使一部分勞動力變得多餘，那麼我們的主要經濟問題將是分配而不是稀缺。那麼，人工智能為什麼會影響收入，並帶來新的收入不平等呢？

7.1.1 人工智能對資本和勞動力收入份額的影響

在現實社會中，資本的分布比勞動力分布更加不均，多數資本往往集中在少部分人手中，而人工智能和自動化的發展會促進生產過程中資本要素的份額提升，資本報酬增加，從而加劇收入不平等。Hanson（2001）等的分析也證明了此結論。

Hanson（2001）通過新古典經濟增長模型的研究發現，工資是否會增加取決於資本所有者是否給予勞動力應得的勞動報酬。如果工人獲得的勞動報酬份額足夠，工資會隨著經濟增長而增長；如果資本所有者獲取更多的勞動報酬，工資會比計算機價格下降得更快，收入不平等也會進一步加劇。

De Canio（2016）運用包含勞動、機器和普通資本的 Houthakker 模型，分析了人工智能的廣泛應用對工資的影響，研究發現，其影響依賴於總生

產關係的形式以及人類與機器勞動的替代關係。未來人工智能的發展可能會降低工資，進而增加不平等，除非機器人資本回報在人群中廣泛分配，但是這種分配具體如何才能發生尚不明確。

Benzell 等（2015）使用了兩階段世代交疊模型（OLG），在模型中引入高技術工人和低技術工人，並假設高技術工人在分析任務中具有比較優勢，低技術工人在人際交往任務中有比較優勢。研究證明，機器人生產率的增加會使擁有資本的當代人增加收益，無形資產在國民收入中的份額會隨時間上升，勞動所占份額最終會下降，同時工資也會下降，從而使後代貧困。

Brynjolfsson 等（2014）的研究同樣闡明，人工智能導致收入不平等加劇的可能來源是資本回報增加的不平衡性。研究發現，機器替代了更多類型的勞動，由於它們可以自我複製，因此可以創造更多的資本。這意味著廉價勞動力以及普通資本都不會具有優勢，而是會被自動化逐漸擠壓。財富會流向那些具有創新能力和創造出新產品、服務和商業模式的群體。而收入在這種創造性的群體中的分布呈冪定率（Power Law）形式，少部分贏家獲得回報，而長尾分布中則包含了大量獲得少量回報的參與者。

7.1.2 人工智能對不同勞動力收入不平等的影響

很多文獻論證了人工智能或者自動化在影響中低技能勞動力就業的同時，對中低技能勞動力的相對工資份額也會帶來消極影響。Lankisch 等（2017）基於內生經濟增長模型，將自動化資本作為一個生產要素引入模型，並假設低技能工人比高技能工人更容易被自動化，分析了自動化對低技能工人和高技能工人工資的影響。研究發現，自動化降低了低技能工人的實際工資，從而提高了技能溢價和收入不平等。Acemoglu 和 Autor（2011）的研究同樣發現，中產階級的職位和工資在逐漸減少，工資極化伴隨著工作極化產生。Dauth 等（2017）的研究認為，隨著工業機器人使用的增多，中間技能的勞動者將面臨巨大的收入損失，但是這種收入損失並不是來自工作替代或者損失，而是現有工作工資的降低。

Acemoglu 和 Restrepo（2017）在前期研究成果的基礎上做了進一步的拓展。儘管傳統觀點認為，由於高技能工人從事的工作往往涉及判斷、分析和問題解決等軟技能，因此很難被機器替代。但是隨著人工智能的發展，高技能工人也可以逐漸被智能機器替代。因此他們在模型中引入了低技能的自動化和高技能的自動化。前者指的是低技能的工人從事的工作可以被機器取代。和以往的研究不同的是，該模型中設定高技能的工人從前擅長

的工作也可能被人工智能所取代。模型設定最終商品由連續的任務組成，每個任務可以通過機器（資本）和高低兩種技能類型的勞動來生產。該研究通過基於任務的模型考察了自動化如何影響勞動力價格和資本價格，發現儘管自動化對工資的總效應並不明確，但是低技能的自動化總是會增加工資不平等，而高技能的自動化會降低工資不平等。

　　Carl Frey 和 Michael Osbourne（2013）的報告顯示，自動化浪潮加劇了社會不平等。Frey 和 Osbourne 的重磅調查結果是：在美國，大約 50% 的工作正處於被自動化技術取代的危機中。這一估算數據引發了一場熱論，比如，經濟合作與發展組織（OECD）研究者——Arntz 和 Zierahn（2016）估算出只有 9% 的工作面臨著被自動化技術取代的危險。讓我們忽略圍繞這一調查結果的爭論，而是將 Frey 和 Osbourne 的報告看成是合理的，但是對哪些工作將面臨科技革新壓力的猜測是高度不確定的。在經濟顧問委員會（Council of Economic Advisers），按薪資給工作排序，根據 Frey 和 Osbourne 的分析，發現 83% 的時薪低於 20 美元的工作將承受自動化技術的壓力，而 31% 的時薪 20~40 美元的工作以及 4% 的時薪超過 40 美元的工作也將承受那樣的壓力，如圖 7-1 所示。

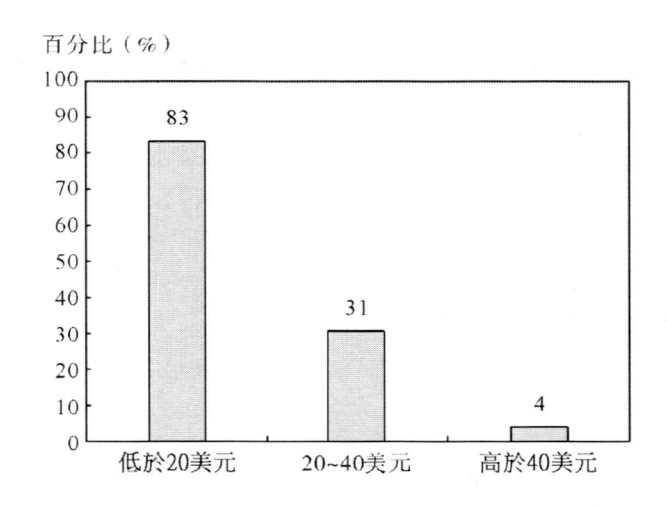

圖 7-1　不同時薪（中位數）被自動化的概率[①]

　　美國白宮 2017 年 10 月發布的《人工智能、自動化及經濟》報告描述了人工智能引導下的自動化技術對經濟的影響，並描述了擴大人工智能可能帶來的益處和負面影響。報告認為，從理論上講，人工智能技術的發展

---

① 註：以 2010 年時薪中值為基準。

能促進生產效率的提高，是提升 GDP 的主要動力之一。在同樣勞動時間裡，如果能利用 AI 技術提高生產效率，那麼對總體經濟而言是有利的。但這不能保證它能均衡公平地被社會加以應用。比如，19 世紀和 20 世紀，都有被技術取代的工種，如電話交換機操作員、流水線裝配工人等勞動密集型職業。相比之下，新技術將提高從事抽象思維、創造性任務和做出決策的人的生產力，使這部分群體生產力大幅增長。這樣一來，市場對勞動力的需求轉為更為高端、熟練的勞動力，相對提高了這一群體的報酬，從而導致不平等加劇。

研究者們預測，短期內人工智能對勞動力市場的影響將與近幾十年來計算機化對勞動力市場的影響持平。未來十年或二十年，9%~47%的工作會受到威脅。也就是說，每 3 個月約有 6%的就業機會將消失。但與此同時，工作崗位增加的比例略高於職位消失的比例，從而使失業率保持大致不變。

資訊技術市場「贏者通吃」的本質意味著只有少數玩家能在市場中得益。如果勞動生產率的提高不能轉化為工資增長，那麼人工智能所帶來的巨大的經濟收益只會集中到部分人群身上，而無法使工人和消費者共享繁榮。這可能導致競爭減少和財富不平等的深化。研究結果也發現，受自動化威脅的人高度集中在低薪、低技能和教育水準較低的勞動人群中。這意味著自動化將繼續對這部分人口的經濟訴求加以抑制，使其工資水準受到壓力，增加他們所遭受的不平等待遇。

但《人工智能、自動化及經濟》報告認為，技術變革不能被認為是唯一導致社會不公的因素。從更廣的社會角度來看，教育發展速度放緩以及制度變革，如工會的減少和最低工資下降也是導致不平等的原因。

7.1.3　人工智能對收入不平等的異質性影響

1. 分階段收入不平等

由於人工智能在不同階段的發展速度不同，經濟也在逐漸發展，因此人工智能對收入不平等的影響效果在不同的經濟發展階段可能有所不同。Hémous 和 Olsen（2016）通過在橫向創新增長模型中引入自動化，指出經濟的發展遵循三個階段：第一階段，低技能的工資和自動化程度都較低，收入不平等和勞動份額較為穩定；第二階段，自動化程度提高，技能溢價也相應提升，低技能勞動力的工資會停滯或者下降，勞動份額也會降低，因此會加劇收入不平等；第三階段，自動化產品的份額開始穩定，低技能勞

動力的工資以低於高技能工資的速度增長。Acemoglu 和 Restrepo（2016）則運用基於任務的模型證明，自動化和同時伴隨的新任務的創造過程對不平等的影響是不同的。自動化在短期和中期均會增加不平等，新任務的創造在短期內會加劇不平等，但是長期來看，由於任務隨時間變得標準化，低技能勞動的生產率會提升，從而不平等的增加也受到限制。

2. 地區間收入不平等

Berger、Frey（2016）研究發現，收入不平等在不同階層的人群中的加劇也會帶來地區間的不平等加劇，創造新工作的城市聚集高技能工人，而這些城市通常和遭受就業損失或者替代的城市並不一致，因此城市間的收入不平等將逐漸加大。Berg（2016）提出，發展中國家的非熟練勞動力被機器人替代將會降低這些國家的相對工資，從而影響國際產出的分配。工業自動化將會使勞動力替代更加便宜，低工資的國家將會慢慢喪失他們的成本優勢，從而發達國家可能將生產轉移到本國市場附近的自動化工廠。進一步來說，技術進步意味著工業化在將來會使製造業中的工作機會減少，低收入的國家將不再重複此前依靠勞動力從農業轉移到工資高的城市工廠工作，從而實現快速發展的路徑（Sayer，2016）。

7.2 人工智能有偏技術進步對收入分配的影響機理

作為經濟增長的源泉之一，技術進步是經濟學界經久不衰的研究主題。希克斯（Hicks）的中性技術進步，忽略了技術進步對資本和勞動等不同要素的影響，事實上，技術進步帶有明顯的偏向性。由於中性技術進步已無法有效解釋經濟增長，Acemoglu（2002）認為技術進步是有偏而非中性，不僅會影響要素的生產效率，還會導致要素投入比例的差異化。他提出，資本相對邊際產出與資本的相對富裕程度呈負相關，由此導致其需求曲線呈向下傾斜，即替代效應。資本相對邊際產出與資本技術進步的關係則取決於要素替代彈性的大小。當資本-勞動替代彈性大於 1 時，資本相對邊際產出與資本技術進步呈現正相關，即資本增強型技術進步同樣是資本偏向型技術進步；反之，資本相對邊際產出與資本技術進步呈現負相關，此時，資本增強型技術進步表現為勞動偏向型技術進步。技術進步偏向性體現了要素相對回報的動態發展趨勢，直接影響國民收入在要素間的分配。人工智能技術進步也是明顯的有偏技術進步，理論研究和各國發展經驗均顯示自動化技術和機器人技術進步存在偏向性的基本事實。因此，研究人工智

能技術進步對初次收入分配的機理具有重要的理論與現實意義。

7.2.1 技術進步偏向性特徵

關於人工智能引起的新的收入不平等，目前有很多解釋。很多文獻從降低勞動收入份額和增加資本收入份額以及擴大勞動力的工資不平等兩個方面，詳細闡述了人工智能或自動化對收入不平等的影響機制和效應。Berg等（2016）指出，目前不平等的增加主要基於兩個原因：一是隨著機器人技術更加便宜，每個人的產出將會增加，因此資本所占總收入的份額將會增大；二是生產力和熟練勞動力的工資穩步增長，低技能的勞動力會受到損失，工資不平等也會進一步惡化。不平等的程度將取決於一系列因素，如熟練工人和機器之間的互補程度。

許多學者認為，技術進步有偏向是引起收入不平等的重要原因。技術進步偏向性是指技術進步對要素邊際生產率的相對影響，若技術進步更有助於提升某一要素的邊際產出則稱技術進步偏向於該要素。技術進步在變遷過程中往往呈現出非中性特徵，即出現向某些要素偏向的趨勢。為什麼技術進步會發生偏向？在什麼條件下技術進步會向某一要素偏向？

1. 技術進步對資本或勞動要素的偏向性特徵

首先，技術進步收益率將決定技術進步的偏向性。若從微觀視角考察技術進步偏向性本質，技術進步偏向性取決於利潤約束下的資本和勞動投資收益差異，也就是說技術進步向資本或勞動方向發展，主要取決於技術進步偏向性所帶來的收益。技術進步偏向性過程可以分為兩類：一是技術進步的資本偏向性。任何企業都需要通過投入資本和勞動生產商品，通常企業生產的成本越低則產品越昂貴，其生產利潤率越高。若從某一時刻起，該企業產品的市場需求大於供給，同一時刻相對於人力資本，物質資本投資可能成本更低，或是短期內，企業無法快速通過增加勞動力特別是提升人力資本方式實現勞動生產率的快速提高，那麼某些具有相對要素稟賦和資源優勢的企業就會通過投入資源以機械設備技術創新或技術引進等方式實現技術進步，而且短期內更多是通過先進機器設備或新技術引進方式實現技術提升，即通過資本投資方式更快、更高地實現該類產品市場供給數量和企業利潤的增長。由於新增機器設備投資蘊涵更高技術進步，相對於人力資本，新增資本的生產率更高，且技術進步更多通過物化形態物質資本投資方式實現，因此，技術進步呈現出資本偏向性趨勢。二是技術進步的勞動偏向性。在完全競爭市場經濟假定下，同類企業規模和技術水準幾

乎接近。為擴大產品銷售量即提高產品市場占有率、壟斷銷售和最大化利潤，企業可以通過技術創新方式實現生產要素投入質量的微小改變，最大限度地增加稀缺或豐裕要素的使用，以降低生產成本獲取產品產出數量的擴大。要素質量的變化主要體現為資本質量的提升或人力資本技能的提高，若從某一時刻開始，企業對人力資本技能培訓成本小於以物化形態表現的物質資本投資成本，那麼，企業出於長期發展需要，提高人力資本技能方式增加生產利潤率更可取，因為這樣做，企業將最大限度地利用技術提高人力資本的生產率，技術進步就會向勞動方向發展。技術進步資本偏向性或勞動偏向性並非是相互衝突的兩個過程，二者相輔相成共同發展，技術進步表現為何種偏向性取決於技術進步所帶來的收益對比。

2. 要素的稀缺或充裕程度對技術進步偏向性的形成發揮著重要作用

一方面，在企業逐利和要素稟賦約束的情況下，企業採取技術進步是為了替代稀缺要素，通過提升稀缺要素生產率方式減少稀缺要素的使用來增加利潤，故技術進步將偏向於該稀缺要素。另一方面，為擴大企業市場佔有率和產品的銷售數量，企業利用具有比較優勢的要素如擴大豐裕要素的使用規模，以豐裕要素使用規模擴大和要素生產率提升方式提高產出，以擴大企業市場佔有率，而生產效率的提升需要借助技術進步實現，這使得技術進步發展往往偏向於豐裕要素。不過，稀缺或豐裕對不同要素而言是並存的，一種要素的稀缺就意味著另一種要素的相對豐裕，技術進步偏向於稀缺要素還是豐裕要素關鍵在於二者成本差異和收益對比。資本和勞動是企業生產過程中兩類最為基本的要素，二者的稀缺性在不同經濟體和不同發展階段不相同。在經濟發展初期階段，經濟發展水準低，往往表現為資本稀缺而勞動卻相對充足，由於人力資本質量低、技術水準有限、居民消費需求旺盛但生產能力不足，經濟存在著大規模生產的潛在需求，並且技術創新減少資本使用的方式成本高昂，因此利用廉價而充足的勞動力比通過技術創新方式來減少資本使用的成本更低且收益更高，技術進步將選擇豐裕要素且表現出勞動偏向性。當經濟發展水準達到中高階段時，技術進步和教育得到較大發展，與之相匹配的制度和知識產權保護也達到一定高度，以技術創新方式來獲取高收益成為可能。特別是當經濟已充分利用現有的要素投入，再也無法通過要素量的擴張方式實現產品規模的擴大，經濟發展將迫切要求以創新性的技術進步方式實現最優化生產。與此對應，傳統豐裕的勞動力也逐漸變得稀缺，技術創新成本變得相對低廉但收益較高，企業的生產無法通過勞動力規模擴張方式實現質的提升和市場規模的擴大。而此時，資本變得相對豐裕且優勢突出，企業擁有了大規模生產所

需的新型機器設備和流水線，包含前沿技術的機器設備投資使資本和技術進步愈加耦合緊密，因而技術進步愈加呈現出資本偏向性特徵。

3. 技術進步選擇某種要素並不代表技術進步一定偏向於這種要素，關鍵還在於其要素相對生產率的增長率

依據技術進步偏向性定義，一種要素相對於另一種要素的生產率增長越快，技術進步就越偏向於該要素。一般而言，要素稀缺性、技術進步收益率、要素相對生產率與技術進步選擇方向具有一定的統一性。即若資本是稀缺的且技術進步偏向於資本，表示在技術進步作用下資本成本雖高但其投資收益也高，資本生產率提升也將快於勞動，最終技術進步表現出資本偏向性。

現實經濟中的技術進步普遍表現出資本偏向性特徵，技術進步通常以資本或有形的機器設備為載體。不過，技術進步並非天然傾向於資本。技術進步傾向於勞動的情況也普遍出現在經濟生產過程中。要素稀缺性是個相對概念，特定時期特定地區資本或勞動相對稀缺性相互交替，技術進步最終表現出偏向於何種要素並不確定。倘若一國的技術進步源於國外，技術進步偏向性就取決於國外經濟體的資源稟賦。20世紀80年代至90年代，中國經濟發展水準低但技術進步呈現資本偏向性，原因就是技術引進主要來自發達國家，而發達國家資本充裕且人力資本質量高，由其提供的創新型技術更多呈現資本偏向性。

技術進步偏向性取決於技術進步收益率，要素稀缺性也發揮關鍵作用，且技術進步偏向於何種要素也取決於要素相對生產率的增長率。由於一國或地區經濟發展水準和要素稟賦的差異，技術進步的偏向性還具有地區性和階段性變化特性。

7.2.2 技術進步技能或非技能偏向性特徵

技術進步主要通過知識和技術創新以新產品或新技術方式出現，現代技術創新和技術進步發展更加複雜化和高級化，更是需要借助人力資本才能發揮作用。一般地，技術進步越前沿、水準越高且生產規模越大，就越需要更高素質和更大規模的人力資本投入。技術變遷和創造性破壞型技術創新使人力資本生產率更高。技術進步天然表現出技能偏向性。

雖然技術進步通常表現出技能偏向性，但技術進步偏向性後果卻並非一定表現為技術和技能的互補性特徵，技術和技能的替代性和互補性在特定時期也會經常交互出現。諸如在經濟發展初期，伴隨技術進步發展，手

工作坊和技術工人被現代化機器大生產和流水線所替代，簡單勞動替代了技能勞動，技術與技能表現出相互替代特徵。而現代資訊、軟體、技術迅猛發展，要求勞動者具有較高的知識和技能水準才能使用先進的機器設備，增加了技能型勞動需求，這顯示技術與技能具有互補性。二者的替代或互補關係也取決於經濟發展階段：一是在經濟發展初期階段，技術與技能往往具有替代性。這一階段的經濟體中，技術水準和居民收入水準較低，消費者往往追求的是產品的數量而非質量，而此時的技術創新和技術進步發展也就是為最大限度地迎合規模擴張需求，經濟增長主要通過要素規模擴大和要素配置效率提升方式實現，通常以粗放型生產方式來實現產品數量增長以滿足消費或投資需求，或者是通過機器設備和流水線技術的創新和應用，滿足低技術含量產品量的需求，社會生產集中表現為規模的擴張和產品數量的增長。因而在經濟發展初期階段，技術和技能將表現出替代關係。二是在經濟發展中，高階段技術與技能往往表現出互補性。因為當經濟發展到較高水準時，企業生產效率和技術水準已經處於較高層次，人力資本也累積到一定程度，制度發展較為完善且知識產權保護較為充分，以知識創造型的技術進步變得相對有利可圖，人均收入水準的提高使得消費者開始對產品從數量需求向質量需求方向轉變，提升產品質量的技術創新成為企業生產的主要目標，生產過程中對人力資本需求的增長表明技術進步呈現出技能偏向性特徵。

　　技術進步偏向性階段論可以解釋不同發展水準的南北經濟體，如英美與印度的技術及技能存在差異性，其中英美技術進步和技能表現出互補性，而印度技術進步和技能卻呈現出替代關係，這印證了技術進步技能偏向階段性論具有較強的解釋力。不過，處於同一發展水準的英美和其他歐洲國家，技術進步和技能關係為什麼會表現出非同一性，例如一些歐洲國家技術和技能互補或替代關係甚至不明顯。可能的解釋是，歐洲國家的技術水準已經發展到一定高度，其技術創新水準和能力及人力資本質量處於穩定水準，並且技能和非技能型勞動結構也處於穩態，因此技術進步與勞動力結構處於膠合狀態。也就是說，技能和非技能型勞動替代彈性關係趨於穩定且技術進步率變化緩慢，技術進步對技能和非技能型勞動偏向強度減弱，最終使技術和技能互補或替代關係弱化。當然，一國不同的技術引進方式、國際貿易程度和外商直接投資水準也直接影響其技術進步的偏向性。技術進步偏向性也具有路徑依賴特徵，技術創新對既有技術水準的依賴程度越高，技術進步偏向性變化就越小。識別經濟發展階段以及技術進步水準，也是考察一國技術進步偏向性的關鍵。

因此，技能型勞動對技術進步的適應性明顯強於普通勞動，技術進步天然表現出技能偏向性，資本和技能互補使技術進步技能偏向性進一步強化，其中一國技術引進方式、國際貿易程度和外商直接投資水準也直接影響技術進步的偏向性。另外，一國資源稟賦和經濟發展階段差異使技術進步的技能偏向性呈現地區性及階段性變化特徵。

7.2.3 技術進步資本偏向性趨勢及其收入分配效應

前沿文獻研究表明，中性技術進步並不是技術進步的全部，技術進步往往表現出與要素相互耦合的發展特徵。在不同發展階段，一國經濟的技術進步路徑也不同。20世紀90年代，世界範圍內各國的技術進步主要表現為與有形的設備資本品結合，經濟體主要利用內含最新技術的設備，特別是信息產業設備投資，通過資本和技術進步相耦合的方式實現經濟增長。其中，以美國為代表的西方發達國家20世紀90年代中後期的設備價格普遍下降，而設備軟體投資卻迅猛增長，約占GDP的10%。比1987—1994年，高出三到四個百分點。機器設備投資數量與其價格的反向變化特徵，充分印證了物化型技術進步的存在性及其與資本相融合的屬性。

現代技術進步呈現出物化性特徵，表明機器設備或新產品為主的資本投資越多、規模越大，技術進步率及技術進步水準就越高。與之對應，技術與資本融合特徵使技術進步發展對物質資本需求日益提高。同時，伴隨經濟發展水準和人均收入的提高，勞動要素成本上升且勞動力不再豐裕，勞動力的稀缺性和人力資本投入成本的提高，誘使資本投資愈發表現出經濟性。正是因為技術進步物化性、勞動稀缺性及高人力資本成本並存，技術進步發展愈發呈現資本偏向性。事實上，無論是中性還是非中性技術進步都離不開資本的作用。一是以新思想、新工藝、新專利、新商標或新技術為表現形式的技術進步，在其技術創新和研發過程中需要投入大量資本，中性技術進步水準直接取決於資本投資規模，其發展表現出資本偏向性特徵。往往是資本投資或R&D經費投入越多，一國的技術進步速度就越快。況且新思想、新工藝或新技術並不是瞬間產生，而是資本投資累積到一定階段，新思想或新工藝及新技術累積達到突破點而出現質變的結果。二是以新產品、新機器設備或新流水線等為表現形式的物化型技術進步，其發展過程更加表現出資本屬性。由於新型機器設備投資包括技術進步，技術進步水準越高則機器設備資本規模越大，二者循環融合發展使技術進步資本偏向屬性愈發明顯。技術創新、新機器設備引進或技術應用，都表現出

與資本相互融合的特徵，技術進步和資本循環反覆發展，技術進步將天然表現出資本偏向性。當然，由於經濟環境和要素稟賦差異，地區和行業的資本稟賦差異，技術進步偏向性表現迥異。往往是資本越豐裕且經濟發展水準越高的地區，其技術進步發展越快，技術進步資本偏向性就越明顯。

技術進步資本偏向性趨勢對要素收入分配份額有著決定性影響。通常，依據穩態經濟增長模型，若產出和資本收入份額為正，且新古典內生經濟增長模型中資本和勞動替代彈性為 1，技術進步表現出勞動偏向性特徵，則長期經濟增長中要素分配份額將保持不變。而經驗研究和經濟現實表明，多數國家在經濟生產過程中的資本勞動彈性值小於 1，要素收入份額無法保持固定不變而是經常發生變化。

為什麼技術進步資本偏向性趨勢對要素收入分配份額有著決定性影響？原因有兩個：一是現實世界並非處於完全競爭市場經濟環境，要素並非完全按照其邊際生產力獲得報酬。二是即使要素按照其邊際生產率支付報酬，由於技術進步是要素生產率變化的決定因素，倘若技術進步對要素生產率有著不同影響，則要素收入份額必將發生變化。因為依據完全競爭市場理論，要素價格直接源於要素生產率，在完全競爭市場中，要素報酬直接受制於要素生產率，只要技術進步不變，則要素收入分配份額將保持穩定。而現實技術進步不僅變化而且存在偏向性，這將直接導致要素需求及其生產率變化的差異，決定生產要素在國民收入中的分配地位，進而引發要素收入分配份額和分配數量的差異。若從要素需求視角考察技術進步對要素收入分配的影響，不難發現，由於技術進步方向發生變化，如果初始技術進步稟賦偏向於資本，意味著資本的邊際產出相對於勞動而言在技術進步偏向性作用下將提高更快，在資本和勞動相對替代彈性較大時，企業勢必傾向於增加資本使用量即提高對物質資本的需求，進而使得資本投資規模和邊際生產率提升，其直接後果是資本在國民收入中的分配份額增加。

當前，中國勞動收入占比和非技能型勞動報酬下降，其中一個重要原因就在於技術進步的資本偏向性，企業選擇偏向於資本的技術進步，導致資本邊際生產率和投資報酬增加，最終使得資本在國民收入中的分配份額增加。伴隨技術進步，資本偏向性程度愈加提升，資本邊際生產率提升越來越快，勞動相對於資本將處於越來越不利的地位。可以預見，技術進步資本偏向性將使資本報酬更高、投資收入份額更大，且其分配更具掠奪性，勞動收入占比越低且勞動力市場地位越趨於惡化。為此，要有效解釋收入分配問題特別是回答當前普遍發生的勞動收入占比下降現象，應先說明技術進步偏向性與收入分配關係。

技術進步資本偏向性的收入分配效應也存在地區差異。一個原因是，經濟發展水準、技術進步方式和資本投資主體的差異。發達國家技術進步主要通過技術創新方式實現，而相對落後地區，比如發展中國家，特別是新興經濟體的技術進步將更多通過前沿技術引進和機器設備更新的方式實現，選擇不同性質的技術，將使技術進步與資本及勞動結合的屬性表現出差異性。當然，行業情況與地區類似，資本密集型行業選擇資本密集型技術進步方式，技術進步易偏向於資本方向發展且其投資收益更豐厚。也正是因為技術進步與資本結合，使新資本財比舊資本財蘊含更高的技術進步，新資本生產率更高且收益更大，新增資本投資所得報酬也就越高。同期勞動生產率相對提升並不明顯，甚至是在機器大生產階段還使得勞動需求下降，進一步弱化了勞動力收入分配地位。研究結果表明，現階段勞動收入占比在發達國家或發展中國家以及不同行業中都出現明顯的下降趨勢，也就是國民收入中資本所占份額總體獲得明顯增長。

　　現實經濟中的不同國家、地區和不同行業勞動收入分配結構差別明顯，其影響因素眾多。比如不同地區或行業市場結構不同，以及不同行業本身的收益差異，甚至是地區或行業勞動力群體談判力不同，資本或勞動在收入分配市場中的地位存在明顯差異。當然，從短期上看，不同國家或地區在國民收入中的資本或勞動收入占比的影響因素存在差異，但從長期上看，資本或勞動收入分配份額及其變化卻主要取決於技術進步及其偏向程度。

　　綜上所述，技術進步資本偏向性使資本邊際生產率更高且其收入份額更大，伴隨技術進步，資本偏向程度深化，自由市場經濟下勞動收入占比下降且勞動力收入分配地位將持續惡化。

7.2.4　技術進步技能偏向性趨勢及其技能溢價效應

　　現代經濟發展歷程表明，若假定技術進步與時間存在著某種正向作用關係，也就是伴隨時間的流逝，技術進步必將得到持續、穩定的發展。正是技術進步的發展，現代經濟生產過程中的技術進步出現了更加複雜化和高級化的變化特徵。變化之一是，在技術進步與資本相耦合的過程中，技術進步出現了新的變化趨勢——技術進步資本偏向性同時也出現技能偏向性特徵。或者說，技術進步發生資本偏向性的同時，技術進步發展使得勞動需求分化。若將技術進步分為中性和非中性，中性技術進步主要表現為新知識或新技術創新形式，技術創新除需要大量資本投資外，由於其蘊含豐厚的知識累積和知識創新，還需要人力資本達到一定水準和投入才能實

現。同樣，對於非中性技術進步，若主要表現為機器設備投資品形式，蘊含更高技術水準的新增資本品只有與更高技能和知識水準的勞動力相結合，新增資本投資才能發揮更高效率。可以說，無論是何種技術進步形式，高質量資本、高技術和高技能型勞動力天然具有互補性，技術進步易出現資本和技能偏向性的雙重特性。

高技術環境中技能型勞動力具有更高生產率，更易於發揮資本投資效率，這就使得收入分配過程中雖然同為勞動力，技能型勞動具有更高的影響力和分配優勢，技能型勞動在國民收入中的分配份額更高即出現技能溢價。現實勞動力市場中，技能水準不同的高中和大學畢業生的工資差異，印證了技術進步對技能型勞動收入分配的影響。現代經濟中蘊涵前沿技術軟體和設備業投資的迅猛發展，技術進步資本偏向性得到進一步強化，並且伴隨技能和非技能型勞動報酬分化現象的出現，即工資不平等加劇。若從產業視角考察，技術進步在促進產業結構升級的同時，技能密集型行業勞動生產率增速高於勞動密集型行業，技術進步技能偏向性結果將導致不同行業收入分配結構失衡。若從微觀個體來看，技能型勞動者相對非技能型勞動者而言更易於適應新技術環境並滿足新設備要求，使新增資本和技能都更易於發揮效率，技能型勞動邊際產出更高，使得技能型勞動更易獲得較高報酬，這導致了技能型和非技能型勞動收入差距持續擴大並出現兩極分化現象。

不同地區和不同行業由於要素稟賦的差異，特別是技術進步偏向性水準及程度不同，技術進步與技能相耦合性也出現差異。或者說，技術進步可能與技能互為補充，但在有些地區或行業，由於經濟發展水準和經濟結構等原因，技術進步與技能可能出現替代性，技術進步時，技能型勞動需求下降而普通勞動力需求增加，諸如資本主義社會發展初期，機器大生產替代了技能勞動，而企業卻只需要簡單生產的工人。由於傳統行業中存在大量的非技能型勞動，在供給規模的強大壓力下，其勞動報酬無法得到根本改變，在這種情況下，技能與非技能勞動報酬都無法得到改善，這種情況更易出現在技術進步或經濟發展較低水準的時期。當然，技能型勞動報酬的變化卻並非只受制於技術進步水準及其偏向性程度，如果人力資本擁有高知識和高技能將更具談判力，在收入分配中，地位也就更具優勢。而從長期上看，技能型勞動報酬提高主要源於技術進步引發的勞動生產率提升，人力資本投資具有提升勞動報酬的作用。

技能型或非技能型勞動只有按照其勞動生產率獲取報酬才能實現經濟效率，由於技術進步的作用，技術進步和要素收入分配結構的匹配性也就

具有經濟產出效應。為此，一個地區或行業只有選擇與自身要素稟賦相匹配的技術進步方向並實現有效的分配制度才能實現經濟增長效率。當然，若僅局限於市場的作用或者放任市場自由發展，勞動市場需求分化和勞動報酬兩極分化是經濟發展的必然趨勢，這種分化最終也會使經濟受到危害。為此，政府應積極發揮第三方的積極性作用，通過制定合理的收入分配制度，以市場化方式調整居民收入分配，特別是利用再分配制度抑制勞動收入占比下降以及工資結構的失衡。

由於資本和技能互補性使技術進步呈現雙重偏向性——技術進步資本偏向性同時呈現技能偏向性。正是技術進步技能偏向性使技能型勞動生產率更高，進而導致勞動力市場分化，技能型勞動需求更大且勞動報酬更高，勞動力市場出現技能溢價現象。

綜上所述，技術進步偏向性取決於技術進步的收益率，而要素稀缺性對技術進步偏向性也起關鍵性作用，且技術進步向何種要素偏向也取決於要素相對生產率。現實經濟中的技術進步普遍表現出資本偏向性特徵，技術進步通常以資本或有形的機器設備為載體。技術、資本及技能耦合發展致使技術進步向資本偏向，同時也向技能型勞動方向發展，資本和技能互補使技術進步技能偏向性愈加強化。此外，由於資源稟賦差異，技術進步偏向性具有地區性和階段性特徵。技術引進方式、國際貿易程度和外商直接投資水準也影響技術進步偏向性。正是技術進步偏向性使資本或技能生產率增長更快，導致要素收入分配結構失衡，其收入分配效應有兩個主要表現：一是技術進步資本偏向性及其偏向程度深化，使資本收入更高且在收入分配過程中更具掠奪性，導致勞動收入占比將持續下降且勞動力的市場地位愈加惡化。二是技術進步技能偏向性使勞動力市場分化且出現技能溢價。由於不同地區和經濟階段要素稟賦的差異，技術進步偏向性的收入分配效應也呈現地區性和階段性特徵。

8
應對人工智能技術進步
對勞動就業影響的政策建議

8.1 西方發達國家應對新技術就業影響的對策

　　研究人工智能為代表的最新一次科學技術革命對就業總量及結構的關係問題，不僅具有理論上的重要意義，而且具有非常明顯的實際意義。當前，以人工智能技術為先導的科學技術革命極大地提高了社會勞動生產率，改變了社會產業結構和人們在物質生產過程中的作用。這些變化促使整個社會的就業結構相應地發生變革。在這場由人工智能科學技術革命引起的大變革中，中國已經實現了歷史性的部分「彎道超車」，超過了老牌科技強國英國、德國、法國和日本，與科學技術最強大的美國保持了同步發展，甚至在部分領域領先。但是，由於中國的工業化、資訊化、智能化進程相對發達國家時間短，社會治理經驗相對不足，而發達國家上百年的工業化和數十年的資訊化歷史進程，已經累積了相對成熟的社會治理經驗和完備的社會福利保障體系。因此，弄清發達國家就業結構現狀以及發展趨勢，對中國合理地調整產業結構，科學地認識、理解、解決人工智能進步引發的就業問題，具有重要的現實意義。

　　為了減輕和緩和技術革新對就業的不利影響，西方國家政府、工會和雇主組織從 20 世紀 70 年代以來就不斷進行有關對策的探討。

8.1.1 增加對人力資源的投資，加強技術培訓工作

　　採用新技術的目的是提高生產率。20 世紀 70 年代，西方大多數國家生產率提高不快的原因，一部分是由於能適應技術革新要求的勞動力不夠。

主要是因為工廠和辦公室內資訊科技和計算機的普及使用，導致技術工人不足，形成了勞工市場不平衡，造成了失業率的提高。因此，國家和企業應該優先進行人力開發投資，大力加強職業培訓工作，提倡終身職業培訓，使工人盡快掌握新技術並不斷更新技能。

1987年，歐洲共同體的工會組織和雇主組織開會達成一致意見，他們認為，為了改進歐洲企業在國際市場中的競爭能力，必須利用新技術提供的經濟和社會潛力，而為了保證新技術的順利採用，當務之急是開發人力資源，加強職業培訓。他們認為，對產業內部工人的培訓應迅速並持續適應技術變革的要求，有必要改進就業與技能需求的預測工作，使再培訓適應新的工作崗位要求；培訓和再培訓的費用應由政府與產業公司共同分擔，公司自己負擔本身勞動力的培訓費用，而政府應對失業者的再培訓負責。

美國國家研究委員會製造研究局的一個委員會也認為，為了有效地採用新技術，開發人力資源是一個關鍵問題。在採用新技術的生產過程中，工人往往要在工作班組中獨立解決問題，並對所控制、修理與使用的設備負有直接的責任。一方面，公司應對工人的基本技能進行專業培訓，並對技能過時的老工人進行在職培訓，更新其技能。另一方面，專門的技術也應盡量設計得能為在職工人所掌握。

8.1.2 改善勞資關係，增強勞資和解與合作

1986年10月，在慕尼黑召開的「生產率與工作的未來」研討會上，不少人認為，在今後推進新技術的過程中，必須將過去敵對的勞資關係轉變為合作的勞資關係。美國勞工部的一位官員說：「過去的敵對關係不利於解決今日的問題，保護權利的對抗應有其地位，但它不能排斥合作。為了迎接工藝技術的挑戰，有必要建立一種新的合作關係。」有的與會者提出，既然新技術的採用對勞資雙方都有好處，因此有必要改進它們之間的關係，增強相互理解，共同協商處理採用新技術過程中所產生的問題。勞資關係改善的一個標誌是，資方應盡早通知工會在新技術的採用中涉及工人及工會的問題及其範疇，並通過共同協商解決可能產生的問題；提高工人的參與程度和積極性，給他們更大的責任；增加管理決策的透明度等。這樣，技術變革就不會是一種威脅，而是一種使生產率得到極大提高的機會。

至於技術變革過程中工會化程度降低，工會力量削減的問題，很多工會人士認為是「轉軌」時的一種暫時現象。改變這種狀況的關鍵問題是要轉變工會工作的觀念，適當改變工作方法和組織方法，以適應新形勢。在

集體談判的集中與分散問題上，也應根據技術變革產生的新的工會組織特點，對各國不同的傳統和做法，進行適當的調整。

8.1.3 勞工市場的靈活性與非管制化

過去 20 年來的實踐證明，新技術要求生產過程有相應的靈活性和機動性；對市場需求的多樣化和易變性要求有更高的適應性。這就必然使勞工市場靈活化，就業（雇用）形式多樣化，各種非全職和非正規的就業方式也會愈來愈普遍。西歐企業的雇主們認為過去國家有關雇傭制度的法規太死板，不利於產業中高技術的推行，也不適應技術變革過程中勞工市場的變化，要求政府放棄干預，實現靈活性和「非管制化」，回到自由市場經濟的軌道上去。他們認為，只有這樣做，才能有效緩和高技術進步與就業問題之間的矛盾，有利於全面技術變革時期的社會安定、經濟增長，並增強本國商品在國際市場的競爭力。對此，西歐的工會一般持抵制和反對立場。如果說，工會對「靈活性」還可以容忍，那麼對「非管制化」則表示斷然不能接受。這是因為國家保護工人的法規原是工人階級長期鬥爭的成果。工會方面要求把過去的法規中只適用於全時制工人的各種權利（包括社會保障）擴大到所有非全時制工人，而不是放棄這些法規。

儘管勞資雙方在這個問題上存在著對立的立場，但實際上在多數國家和政府的默許下，「非管制化」思潮還是有很大的影響，在非工會會員的工人中間，情況尤其如此。其原因在於，資方為了擴大技術投資而壓縮人力費用的支出；以犧牲工人利益為代價，以靈活性和「非管制化」為潤滑油，來促進勢在必行的技術變革的順利進行；而工人在當前經濟衰退和新技術的雙重壓力下，又不得不做出某種讓步。看來在人工智能為代表的新技術變革進行到了一定的階段以後，還會重新恢復這場爭論，勞資雙方的鬥爭還會持續下去。

西方國家的有關方面雖然就減輕和緩和技術革新對就業的不利影響提出了各種方案，但究竟是否有效、有效程度如何，連他們自己都沒有把握。一位西方國家的首腦曾經說過：「工藝技術革新將構成 21 世紀的驅動力，它有利有弊，依其使用法，可以有利於也可以有損於人類福利和社會發展。」從這句話中不難看出一種處於兩難境地的憂慮。

8.1.4 將勞動就業的主導方向從生產領域轉移到服務領域

隨著科學技術的發展，人類的物質生產能力不斷提高，致使生產領域和服務領域不斷擴展，勞動就業的主要方向不斷發生變化。這種變化的總趨勢是，勞動就業的主導方向從生產初級產品的第一產業依次轉向第二產業（加工工業）和第三產業（社會服務業）。在發達國家，第二產業對勞動力的吸收基本停滯，第三產業大量吸收勞動力，這是一種宏觀的勞動就業結構的變化趨勢。根據西方經濟學的劃分方式，整個社會經濟可以分為三類產業。按照這個劃分法，很容易看出科學技術進步對勞動就業結構的重大影響。

日本是一個發展較晚，但發展速度較高的經濟強國。1950 年以前，日本第一產業中的農業、林業、漁業和海洋養殖業，一直是最重要的經濟部門。1950 年，上述四個部門就業人數占日本就業人口總量的 48.3%，1981 年則減少到 10.1%。與此同時，日本製造業的就業人數迅速增加。1950 年，製造業的就業總人數為 781 萬人，到 1970 年增加到 1,800 萬人，20 年間增加了 1.3 倍。從 20 世紀 70 年代初期開始，日本第二產業對勞動力的吸收能力一直處於基本停滯的狀態。這標誌著第三產業已經成為日本勞動就業的主要部門。然而，在第二產業基本停止吸收勞動力的時間上，日本比美國和英國晚 20 年，比西德和法國晚 10 年。

目前，第三產業仍然是解決勞動就業問題的關鍵。在發達國家，第三產業的就業人數在全部就業人口中的比重不斷提高。1972—1980 年，美國從 25% 提高到 66.2%，英國從 37% 提高到 61%，法國從 19.5% 提高到 56.2%，西德從 22% 提高到 49.3%，義大利從 13% 提高到 49%，日本從 11.5% 提高到 55.4%。在美國，20 世紀 70 年代新增加了將近 2,000 萬個就業機會，其中只有 5% 是製造業創造的，而 90% 是第三產業提供的。

勞動就業領域逐漸擴展，勞動就業的主導方向由第一產業轉入第二產業進而轉入第三產業，這是造成勞動就業結構變化的直接原因，並且已經成為世界經濟運動過程中經濟發展的內在要求和必然結果。勞動就業主導方向不斷轉移，究其原因，主要有兩個方面。

首先，在於第一和第二產業的物質生產能力依次提高。在科學技術革命的過程中，物質生產技術裝備水準不斷提高，社會在該產業投入較少的活勞動就能夠生產出保證社會生產和消費水準不斷提高的物質產品。這種在勞動生產率水準不斷提高的前提下，人的勞動和物化勞動消耗對比關係的

變動趨勢，奠定了就業人口結構變化以及就業主導方向轉移的物質前提。

其次，物質生產能力不斷提高，為就業開闢了廣闊的場所。社會各部門物質產品總量的不斷增加，意味著社會生產消費和生活消費總量的增加。這兩種消費總量增加的結果，一方面，造成社會生產和經營規模增大，即 A 部門使用的活勞動減少和生產出來的物質產品總量增加，必然引起以其產品為原料的 B 部門、C 部門生產規模擴大和物質產品總量增加，並進一步促成經營這些部門產品的流通部門的經營規模擴大。這種由 A 部門物質生產能力提高引起的社會原有部門生產經營規模的擴大，將引導 A 部門及其他行業排斥出來的勞動力向這些部門轉移。另一方面，必然導致社會生產和消費範圍擴展，即根據社會生產、分配、交換和消費的發展變化提出的需求，社會生產和經營不斷向深度和廣度發展，一些嶄新的物質生產部門和社會服務部門被創立起來或從原有部門中分離出來。這些新部門和新行業對引導勞動就業的主導方向和改變就業結構起著根本的作用。

目前，由生產力發展水準和科學技術進步造成的勞動就業結構，標誌著人類已經基本脫離把大部分勞動力投入物質資料生產的基本生存階段，並將轉入物質生產成為少數人的工作，而更多數人轉入生產和享受服務的「更美好生活」發展階段。

8.1.5 新興行業是最有力的勞動就業吸收器

發展新興的物質生產部門，是當代科學技術進步的必然結果，也是積極、有效地解決勞動就業的重要手段。高級技術部門的發展，一方面，造成應用先進技術的傳統技術部門「機器換人」，增加社會就業的壓力。另一方面，它又能夠吸收（至少是大部分吸收）傳統技術部門排擠出來的勞動力，從而減緩第二產業勞動力負增長的速度，減輕社會勞動就業的壓力。

在第二產業內部，一些傳統的工業部門，由於資本主義經濟的滯脹局面以及企業自動化等多方面的原因，出現了勞動力負增長的情況。與此同時，現代科學技術的發展和資本要素對超額利潤的追求不斷增長，整個社會的科研、設計和生產過程中，電子計算機化和自動化的需求進一步加強，從而極大地刺激了以微電子技術為代表的一些高級技術生產部門的發展，並向以人工智能為引領的最新科學技術方向發展，致使第二產業內部的就業結構也在發生變化。根據美國商務部 1979—1980 年出版的《美國工業展望》中的有關資料，美國的鋼鐵、汽車、造船及修理三個傳統工業部門 1973 年的就業總人數為 103 萬人，1982 年減少到 80.2 萬人；同期，美國的

電子計算機、測量和控制用儀器、航太（包括飛機、導彈及太空飛船）三個新興工業部門的就業總人數由 50.2 萬人增加到 116.9 萬人。扣除傳統工業中的 22.8 萬人，新增就業機會 43.9 萬個。

隨著現代科學技術發展，第三產業內部各種行業對勞動力的吸收能力也在變化。在美國，酒店業、餐飲業、零售業等這類傳統服務行業，其從業人員數字始終保持穩定，大約占就業總人口的 11%～12%；而新興的信息行業的從業人員比例占全部就業人口的 60% 以上。在日本，僅情報處理產業從業人員的數量，在 1976—1981 年就增長了 13 倍。由此可見，傳統的第三產業吸收勞動力的能力基本停滯，而新興的信息服務產業，成為最強有力的勞動吸收器。

上述情況進一步表明，第三產業的內涵不僅限於居民服務生活服務業，而且是促進社會生產和社會經濟運轉效率提高的生產性社會服務業。發展中國家發展第三產業，特別要注意的是，在搞好生活服務業的基礎上，大力發展生產服務業和社會服務業，保持第三產業內部結構的合理性和科學性。在這個基礎上，才能充分發揮第三產業在吸收勞動力就業方面的重要作用，促使全社會向社會化、專業化和資訊化方向發展。

自動化和人工智能技術進步，使部分生產工人退出直接生產過程，相當一部分商業服務人員位於直接銷售過程的後面；同樣，也將使更多辦公室工作人員回到家庭進行工作。據美國學者估計，由於資訊化，在 20 世紀 90 年代已有 1,500 萬人在自己家裡從事工作。這種發展趨勢表明，就業方式和就業結構將要進一步發生重大變化。生產工人脫離了原來的勞動對象，零售商店服務員不與顧客直接見面，辦公室工作人員不與自己的上下級以及工作聯繫人直接見面，這種「無人」行業的發展使勞動結構這一經濟範疇又增添了一個新內容，即「直接勞動者」（傳統工人、店員和辦公室人員）與「間接勞動者」的概念以及他們之間的諸方面關係。這種「間接勞動者」增加的趨勢，一方面，為婦女和殘疾人士的就業提供了條件，使社會就業範圍擴大；另一方面，為把人們從繁重單調的工作環境中解放出來創造了條件。

8.1.6　扶植和發展中小企業是保持合理的就業結構的必要條件

在壟斷資本主義條件下，壟斷是中小企業處境艱難和大批勞動者失業的重要原因。但是，當代科學技術革命改變了這種狀況。在科學技術不斷進步的條件下，企業產品更新換代的時間大為縮短，由此促成壟斷企業將

產品的很多零部件轉到中小企業生產，這種方法提升了產品更新換代的效率，減少了壟斷企業更換產品時的損失。另外，中小企業經營靈活、適應性強，這恰好適應了當代科學技術革命的發展特點和內在要求。第二次世界大戰後期，資本主義國家中小企業生存和發展主要有如下兩種途徑：

一是在專業化和標準化生產水準不斷提高的同時，中小企業圍繞著大企業形成生產或流通系統體系，即形成圍繞大企業的產品或大批發商或某個平臺形成生產—流通系列或純粹流通系列。這些「系列」日益成為壟斷企業的重要輔助力量。

二是中小企業依靠科學技術，充分發揮其經營靈活和適應性強的優勢，在產品和技術競爭中擊敗對手。目前，日本和美國等國家的中小企業很多屬於「開發型企業」和「軟體產業」。它們從事開發研究，進行成果轉讓；從事技術研究，進行轉產快和適應性強的小批量生產，從事資訊研究，進行情報和技術服務。可以說，當代科學技術革命為中小企業發展開拓了廣闊天地。當代很多尖端技術產品是出自中小企業之手，如發明微處理機的美國英特爾公司，設計和製造出目前世界上最優秀的計算機終端裝置用的磁盤驅動馬達的日本電產公司，它們都是依靠智力，取得企業經營上的輝煌成績。

在現實的經濟生活中，促成中小企業減少或增加的因素同時並存，而且後者強於前者。這是在科學技術迅速發展、社會勞動生產率不斷提高前提下，保證勞動就業絕對量不斷增長的重要原因。在美國，20世紀50年代至70年代，每年平均新建企業9.3萬個，進入21世紀後，每年增加企業60萬個。其中，絕大多數是中小企業。這些中小企業為社會提供了大量的就業機會。1970—1976年，美國勞動大軍增加了900萬人，其中600萬人被中小企業雇用，而1,000家美國最大的工業企業卻基本沒有增加就業。在日本，1982年，中小企業為628萬家，占企業總數的99.5%，從業人員3,721萬人，占非農業就業人口的81.4%。在德國，中小企業占企業總數的99%，從業人員占就業總數（農業和政府雇員除外）的三分之二。

發達國家的經濟實踐表明，中小企業在新的科學技術革命中具有極大的適應性，注意發展中小企業，在技術上搞好與大企業的協作配套，在經營上注意加強技術開發，將有利於整個社會的生產專業化和提高企業的應變能力，有利於社會技術進步和資訊靈敏度的增強。同時，中小企業的迅速發展，能夠吸收大量的勞動人口，特別是在大型企業日趨自動化的今天，發展中小企業的現實意義更為重大。可以說，中小企業是未來勞動就業的重要方向。

8.2 應對人工智能技術進步對勞動就業負面影響的對策建議

8.2.1 正面科普宣傳引導社會公眾對人工智能的認知，消除人工智能技術「恐慌」

隨著世界主要發達國家把發展人工智能作為提升國家競爭力、維護國家安全的重大戰略，各國政府、科技巨頭、傳統企業等圍繞人工智能加強布局，爭搶發展制高點。雖然，人工智能技術的加速產品化標誌著其應用進入爆發期，但超過人類智力極限的「奇異點」尚未到來，全球正普遍進入人工智能技術崛起的「恐慌」階段，這種「恐慌」類似於19世紀末汽車剛剛發明引起的社會「恐慌」一樣。

2018年1月，美國胡佛委員會（The Little Hoover Commission）召開人工智能對經濟和勞動市場的影響大會，華盛頓資訊科技和創新基金會主席羅伯特·阿特金森（Robert D. Atkinson）發表致辭。這份致辭提出各國普遍處於人工智能的恐慌上升期，並從其應用範圍、技術發展、稱呼三個方面剖析了造成恐慌的原因。其中，失業作為人工智能引發的最大恐慌，正在逐漸蔓延。但是這種觀點不僅誇大了技術發展對就業的影響程度，也忽略了技術發展創造新就業機會的能力。因此，中國應正確看待人工智能發展引發的「失業恐慌」，加快人工智能技術的研發，加強對其應用的管理，並對傳統產業工人進行技能升級培訓，培養更多人工智能和機器人方面的高端人才，為技術創新發展提供支持與保障，積極應對自動化、智能化變革帶來的經濟和就業影響。

借鑑Cartner諮詢公司提出的「技術成熟度曲線」（The Hype Cycle），美國資訊科技和創新基金會主席羅伯特·阿特金森（Robert D. Atkinson）提出了「技術恐慌曲線」。

技術恐慌曲線通常以類似「鐘形」曲線的模式展開，如圖8-1所示。當一項新技術最初出現時，公眾由於對其負面影響知曉甚少，對新技術的應用普遍採取積極態度，因此信任度普遍較高。但一旦有人成功吸引大眾對新技術的負面影響，其他人就會開始有意或無意地煽風點火——即我們所說的「信任的起點」階段讓位於崛起的「恐慌」階段。在這一階段，大眾逐漸加深對新技術的了解，在信任和恐慌的天平中左右搖擺，很容易受

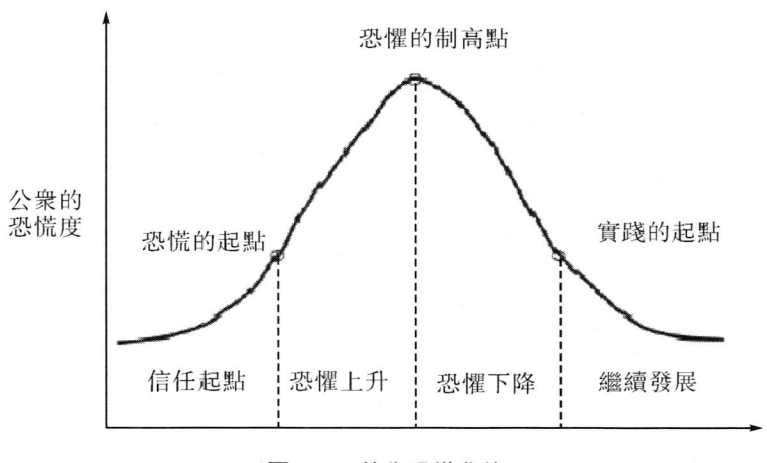

圖 8-1　技術恐慌曲線

到虛假陳述的影響。這種恐慌將持續攀升，直到公眾對該技術及其好處有了深入的理解。

技術恐慌曲線通常在「實踐點」趨近結束，屆時，關於新技術發展的擔憂將會消退，人們將繼續前進。在這個階段，技術已經達到了足夠的成熟程度，大多數公眾不再相信反對派提出的觀點，不再對其濫用表示擔憂。接下來又將進入新一輪的技術恐慌週期。

分析使社會和公眾陷入人工智能技術恐慌的原因主要有三個。第一，人工智能被稱為「通用技術」，涉及經濟社會的方方面面，很容易發現其對某一職業、行業或工作崗位產生的負面影響。第二，人工智能技術非常複雜，且不透明。即使擁有計算機科學學位的高級人才或機器學習的專業人員，也不一定能控制人工智能技術的發展。第三，「人工智能」這一名稱容易產生認知誤區。術語「人工智能」意味著該技術已經或即將具有類似於人類智能的能力，有發展成超出人類控制的超級智能威脅，這種認識有一定的局限性。而事實上，在目前，人工智能的能力非常有限，依然不能做出複雜的決定。

人工智能導致就業機會減少的恐慌產生有一定的道理。有觀點認為，日益強大的智能機器雖然能夠驅動生產率的增長，但卻減緩了就業的增長。而且，未來加速技術變革將使情況變得更糟。越來越多的懷疑論者擔心人工智能驅動的生產率提高會以犧牲就業機會為代價。

事實上，學術研究、歷史數據和邏輯都表明，生產率增長不會導致更高的失業率產生。2011年，麥肯錫全球研究所的報告《美國的增長與更新：改革美國經濟引擎》指出，生產率增長與失業率之間存在負相關關係。換

句話說，提高生產力意味著降低失業率。通過研究 1929—2009 年的就業率和生產率變化，麥肯錫發現生產率的提高與就業增長呈正相關關係，並且自 1929 年以來的大部分時間都表現出就業和生產力同步增長的特點。

具體來說，認為人工智能的應用導致就業機會減少的恐慌者犯了三個重大錯誤。一是他們錯誤地認為當前的技術趨勢會持續發展，甚至會加速進步。所有技術都將沿著 S 曲線前進，無限指數的增長是不可能的。正如最近的學術研究發現，數十年來，技術創新的發展速度一直在下降，例如，Bloom 和 Van Reenen（2014）發現，現在比 20 世紀 70 年代維持摩爾定律（半導體計算能力每 18 到 24 個月增加一倍的過程）要困難 18 倍對自然界進行發現要困難得多，並且今後很可能會變得更加困難。所以，創新的步伐可能會放緩，而不是加速。二是他們誇大了數字化創新改變職業的程度。對於許多職業來說，自動化對某一職業的影響，遠不及對某一任務的影響。麥肯錫全球研究院指出：「很少有職業將在近期或中期內完全自動化。相反，某些任務將實現自動化，改變整個業務流程，並重新定義人員執行的任務。」換句話說，技術更有可能重新定義某個工作崗位和工作機會，而不是徹底毀滅工作崗位，從而創造更多價值。三是這些誇大其詞者沒有認識到因全球生產力增長所帶來的新的工作機會。隨著全球生產力以前所未有的速度不斷增長，人們的消費水準也在不斷提高，增加的消費將創造額外的就業機會，促使就業結構向新興業態和第三產業轉移。

8.2.2 充分重視和運用公共政策在人工智能技術進步的重要作用

歷史上，每一次重大技術變革都會帶來人類社會形態的巨大改變，與此同時，政府行政體制也必然會受到深遠的影響。巨大的變革帶來經濟的結構性轉變，由於個體從一個行業轉換到另外一個行業，或者從一個地方轉移到另外一個地方，都需要轉移成本，因此依靠市場本身可能無法順利過渡。在存在流動摩擦和僵化的情況下，技術變革可能會導致福利下降。例如，19 世紀和 20 世紀初，美國農業的快速變革導致勞動力需求下降，農業收入大幅下降，城市產品需求下降，從而影響了美國經濟。這時，政府干預起到了積極的作用。政府通過採用凱恩斯提出的擴張性的經濟政策，以及幫助勞動力從農村向城市、從農業向製造業轉移，促進了這次結構性轉變的成功。Justman 和 Gradstein（1999）的研究同樣證實，政府制定合理有效的公共政策對英國工業革命之後改善收入不平等的狀況起到至關重要的作用。他們對 19 世紀經歷了工業革命的英國進行分析後指出，英國在第

一次工業革命之後減少收入不平等的過程中，通過提供免費公共教育、加強工會的法律地位、幫助老弱病殘及失業人員、用累進稅取代間接稅等法律措施，使得收入不平等問題有了較大改善。

人工智能發展的步伐加快，為了讓人們能夠更好地面對人工智能這一重大技術變革可能帶來的就業總量和結構變化、收入分配不合理加劇等問題，政府制定合理優化的公共政策尤其關鍵。Berg（2016）認為不平等的加劇主要建立在收入未被均等分配的基礎上，由於總體產出在提升，如果實行有效的公共政策以保證資本收入能被合理分配，則每個人都可以更好。Stiglitz 和 Korinek（2017）運用理論模型討論了人工智能對福利的影響。研究發現，儘管市場缺陷可能導致轉型期福利惡化，但是如果有合理的政策工具（如稅收和轉移支付等），科學技術的創新將對人們獲得更合理的收入和資源分配具有促進作用，從而帶來帕累托改進。

技術創新是生產率增長的主要動力，但也可能是破壞的主要動力，人工智能技術進步是一種科學技術及社會管理制度的破壞性創新。技術對經濟的影響可以通過地方、國家和全球層面的政策來共同塑造。政府和聯合國不該採取被動的觀望態度，而是應該採取主動措施。

因此，在對待人工智能技術進步上，總體政策立場應該是擁抱和引導這些新技術。政策制定者應該採取適當、靈活的監管和法律政策，促進國家創新能力，而不是單純阻止它們可能帶來的破壞效果，如導致暫時性失業。總而言之，新一輪技術浪潮如何塑造勞動力市場和收入分配，很大程度上取決於國家和全球層面的制度和政策。

1. 政府對新技術的政策

政府對新技術發展最直接的作用體現在資金支持上，所謂的「創業型國家」在創新鏈的各個階段（從基礎的應用研究到商業化的初創企業的融資過程）都起著重要的作用。許多熱門的技術，包括全球定位系統（GPS）、語音激活的個人助理和 Google 使用的算法都受益於政府在早期的資金投入。

政府對政策的間接支持體現為新技術的開發、傳播和應用適應本國國情，創造良好環境。例如，支持國家（公共和私人）研究和創新機構，提供基礎設施（如寬頻），支持企業孵化器，使初創公司能夠更快地將新技術推向市場。

未來，所有國家都應該有國家創新體系（National Innovation Systems, NIS），其中包括教育系統、科技研究機構、私營企業的產品開發部門以及產品和生產流程的其他機制。

對消費者的補貼、稅收優惠以及監管優惠政策也可以促進新技術的採用和推廣。由於行業在經濟聯繫和技術升級的可能性方面各不相同，因此還可以制定針對具體經濟部門和行業的不同政策。

新技術還需要新的法規來解決責任和道德問題。製造商、醫院、醫生或病人是否應為 AI 設備的醫療建議的後果負責？無人駕駛汽車的責任問題如何處理？最優化的規範可能得來不易，這就要求首先在部分領域或市場進行法規試點並總結實踐經驗。此外，數據作為 AI 和經濟活動驅動的重要因素，需要相關法規加以規範，確保既能有效保護隱私和安全性又不會扼殺創新。

知識產權法規也會影響創新。專利、版權和商標旨在促進創新，其方式是，允許企業在特定時期內從其研發投入中獲得較大的投資回報，作為交換，企業需要公開其發明。然而，知識產權也可能固化老牌企業的優勢，阻止其他企業開發新技術，最終扼殺創新。政府需要做的是在激勵創新和共享收益之間找到平衡點。此外，反壟斷法規也可能需要考慮跟進，以確保其適用於通過技術實現的新業務模式。

2. 勞動力市場政策、職業教育和再培訓政策

技術變革正在重新定義勞動力市場的技能需求，因此為當下和未來的工人提供適當的技能教育是政策的重要落腳點。除了校內學習和職業培訓以外，支持早期教育和終身學習技能的政策也至關重要。在大多數國家，特別是發展中國家，完善教育體系需要聘請和留住優質教師以迎接新技術的挑戰，同時為教育機構提供充足的資金。對能夠反應未來技能需求的教育課程加以調整也很重要，例如新技術要求在教育上重視科學、技術、工程和數學。此外，政策可以為工人提供相關激勵和途徑，讓勞動者不僅在技術領域得到更多的培訓和教育，而且還在創造力、管理、社會和溝通能力等方面增進學習。

隨著新技術的普及使用，越來越多的工人的工作安排具有靈活性、不穩定性和不安全性，傳統上，工會可以賦予所有工人更大的力量，使經濟租金和技術進步帶來的好處得到公平分配。而非正式工作安排的特點是消除集體代表，讓工人在工資待遇和工作條件的談判桌上處於弱勢。因此需要新形式的工人代表。

此外，各國政府還可以進行法律和稅務改革，加強工人在非正式工作安排中的權利。例如，最近英國關於未來工作的報告，提出了最低工資標準的法律規定同樣適用於「獨立合同工」的建議。委員會還提議在與雇主發生衝突的情況下，為工人進入法院提供便利，並消除稅收制度對將工人

分類為自我雇傭者的這一行為的激勵性作用。

（1）加強對工人的教育培訓

人工智能的發展可能會造成中等技能或者低等技能的勞動力失業，而加強對處於劣勢的工人的培訓和準備工作則可以幫助他們重新就業，從而扭轉或者減緩這一趨勢。技術進步也意味著特定的工作技能可能會更快消亡，人們會更快地更換工作，這意味著對職業再培訓的需求增加，對積極主動、尋求變化的人才的需求增加。政府需要在培訓新技能中扮演積極角色，使工人接受再培訓，從而在工作中更有效率地使用人工智能，以及更好地隨著技術變革而轉換工作。

眾多文獻已經闡明了提高教育水準及加強勞動力培訓的重要性，並提供了詳細的方案。例如，Glaeser（2014）認為提高教育水準非常重要，美國應該對教育和勞動力培訓進行有針對性的投資，這將對工人（尤其是中低技能工人）很有幫助。Thierer 等（2017）指出，社會必須重視工作導向的培訓和準備，這樣才能讓這份工作更難被計算機化。而 Kearney 等（2015）的文章詳細提出了如何培養針對全球化時代急需的專門技術人才。其中包括：中小學教育需要注重培養數學、科學和溝通交流等多種技能；高等教育需要惠及更多學生，包括經濟上的弱勢群體，以及課堂教學不能脫離勞動力市場的需求；高等教育機制需要培訓具有專門技能的人才，同時培育更多的管理者、專業人員和企業家。

需要指出的是，中低等技能工人通過培訓重新進入就業市場也有比較大的阻力。Arntz 等（2016）指出，對受教育低的勞動者來說，通過培訓重新獲得比較優勢比較困難，尤其是現在的技術變革速度已經超過了以前任何時期。Bessen（2015）也指出，大量的普通工人獲得新知識和新技能的過程是緩慢而困難的，歷史證明制度和文化支持對社會轉型非常必要。

（2）加強培養全民數位技能

對新技術和新事物的恐慌和擔憂在歷史上大量存在。19世紀初，英國手工業工人中參與搗毀機器的盧德主義者(Luddite)，就強烈反對機械化或自動化。但後來的事實證明，機器創造了更多的就業機會。類似的例子在人類歷史上不勝枚舉。而且，歷史規律也表明，雖然技術在短期內可能破壞、影響部分就業，但長期來看將創造更多的就業機會。英國工業聯合會（CBI）發布《在英國發展人工智能產業》報告，十分看好大數據、人工智能等對英國生產力的促進、提高作用，預計到2035年，AI 將使英國經濟增長8,140億美元，並為此提出了18條公共政策建議。其他很多國家如美國、加拿大、法國等都對 AI 等新技術的積極經濟影響很有信心，採取多種措施

鼓勵技術發展和部署。德勤（2017）最近的一項研究報告發現，人工智能正在創造新工作，產生經濟效益，而且已經採納 AI 等認知技術的企業和企業家都對其當前和未來所能發揮的角色非常樂觀，但前提是工人需要為未來做好充分的準備，具備未來所需要的新的技能。

預測顯示，20 年內，90% 以上的工作或多或少都需要一些數位技能，所以為了確保工人能夠應對這場科技巨變，高效地為他們提供數位技能就十分必要。因此，美國將為 AI 時代培養新的人才以及勞動者再培訓、再教育上升為國家人工智能戰略的核心部分，在這方面投入大量資金和政策支持。在英國，英國的數位戰略要求為每個人提供所需的數位技能，不斷提高數位素養。為此，英國投入大量資金支持全面數位技能培養，尤其關注受 AI 等新技術衝擊較大的工作群體。此外，英國政府希望通過新的數位技能合作夥伴關係（Digital Skills Partnership）將各大公司、地方政府、地方企業以及公益慈善組織等囊括進來，在提供數位技能培訓的項目中，保持一致性與協調性，使得英國人能夠選擇適合自己的數位技能培訓項目。

發達國家的這些舉措可以給中國提供很大啟發。當前，人工智能、機器人等新技術正在從 ITC 領域向實體經濟、服務業、農業等諸多經濟部門擴散、滲透。未來，中國將成為機器人大國（占全球工業機器人供應量的 40%），這些變化將在很大程度上影響當前的就業和經濟結構。因此，使勞動力市場適應新技術發展帶來的變化，以及為過渡期工人提供再培訓、再教育的公平機會，是國家應對人工智能等新技術進步必須採取的公共政策之一。

3. 社會保障和公平分配政策

非標準就業（技術驅動）和非正式工作的增加使許多工人在疾病、工傷和養老金等方面得不到充分的保護。因此，社會保障制度需要進行改革，以向非正規和非正規工作中的工人提供保護。鑒於發達國家已經開始審查社會保險制度，以確保所有工人都能獲得失業保險和養恤金，發展中國家也要積極促進全民社會保障制度，將保障範圍擴大到非標準和非正式就業的工人。

稅收制度也能給社會公平帶來新的流動機制。雖然大多數國家的不平等現象的原因是多樣的，但快速的技術變革導致了工人與工人之間、工人與企業所有者之間的工資不平等現象。更為先進的稅收政策可以確保新技術（如 AI）的利益得到廣泛的分享，產生更多公共資源，為重新分配和建設全民社會保護制體系提供物質支持。減少個人所得稅可以鼓勵就業，減少再分配的需要，而對新技術徵稅則會影響經濟增長和技術採用，減少再

分配來源。相反，對因集中的市場結構而產生的租金收益和高利潤徵稅可能更有利於平衡社會和諧和經濟發展。對自然資源和環境污染徵稅也可以為重新分配創造財富，同時將技術開發引向可持續發展。

(1) 普遍社會保障制度（Universal Social Security System，USSS）

首先要繼續完善全社會普及的、均衡的社會保障制度，實現社會保障的現代化，為勞動者提供必要的生存保障，從而能確保工作者和找工作的人都能得到最好、最適合的工作，以確保他們能夠從工作中得到合適的回報——越來越高的工資，從而實現社會的穩定和發展。為此，我們尚需要不斷探索增強對失業等情況的關鍵支持。

社會保障應當是普遍的，其目的不是接受失業，而是將失業的社會成本內部化，促使政府創造充分的就業、教育和培訓機會。另一方面，面對新經濟、新業態、平臺經濟等所帶來的就業環境變化，政府要積極引導企業提供相應的勞動保護，不論從業者是在職人員、失業人員還是退休人員，他們中的大多數作為低收入群體、自雇傭勞動者或者創業者通過自身合法勞動增加收入是應該得到鼓勵和支持的。

對於這部分彈性就業者，尤其是自雇傭勞動者，給予社會保障上的制度安排，可以參考美國、加拿大等國的獨立合同工（Independent Contractor）制度，給予其個人稅收上的優惠或扣減；在臺灣地區也有相應制度安排可資借鑑。對勞動法進行變革完善，對於一些新業態從業者，要逐步將其納入勞動法制的軌道，在盡快出抬勞動基準法的同時，不斷探索制定新職業的勞動基準，對相關勞動者的權益進行保護，而不是讓其一直游離於勞動法的規制範圍之外。

對於已經形成一定規模的非正規就業勞動者群體，評估其職業類型，鼓勵成立工會組織，避免一些非正規社會群體的出現，從而影響新業態從業者與其雇主之間的勞資關係出現不和諧局面。在現行《中華人民共和國勞動法》和《中華人民共和國勞動合同法》沒有修訂之前，為了勞動者的工作安全需要，對一些不合理的、衝突的解雇和裁員進行限制性規定，鼓勵政府、企業、工會在企業技術性裁員問題上進行多方協商。同時，就《中華人民共和國勞動合同法》的解雇制度展開更為深入的研究，謹慎設計解雇勞動法律制度，避免大量失業造成的經濟不穩定。

為此，未來勞動法治的變革尚需要綜合評估《中華人民共和國勞動合同法》實施以來所產生的對勞動力市場彈性、社會經濟增長以及中國企業的國際競爭力所產生的影響，尤其需要比照中等發達國家，乃至發達國家在不同歷史發展階段的勞動法制變革道路，結合中國當前的「一帶一路」

倡議，科學、合理地設計《中華人民共和國勞動合同法》相關制度，既要保持勞動力市場的彈性與活力，也要切實評估為企業設置的各種責任，減輕企業所承擔的壓力，實現勞資雙方的利益平衡，強化勞資雙方平等協商，以維持企業平臺的可持續發展為目標。

隨著人工智能的不斷推廣和應用，要兼顧其替代普通勞動所產生的消極影響，待到人工智能發展到一定階段，可以參考歐盟《機器人民事法律規則委員會若干建議》（with Recommendations to the Commission on Civil Law Rules on Robotics）關於機器人的電子人格及其發展限制的規範設計，在未來的《中華人民共和國勞動法》《中華人民共和國勞動合同法》或者相關專門法中就機器人的應用和發展進行原則化，進而不斷細化，使得機器人的應用始終符合服務人類社會的目的，對於濫用機器人者，責令其承擔相應法律責任，進而達到實現規範機器人的發展和應用的目的。

（2）全民基本收入（Universal Basic Income，UBI）

人工智能和機器人正以迅雷不及掩耳之勢取代全球範圍內的普通職業和機械職業。出於害怕自動化和人工智能將導致大量工作會被取代，美國等西方國家有人提議應深度變革政府援助結構。在西方國家，許多社會人士提議全民基本收入（Universal Basic Income，UBI）取代如今部分或全部的社會安全網路。

全民基本收入，是指在不考慮每個人的需求、就業狀況或者技能水準的情況下，由政府或組織定期定額發給全體成員（人民）足以滿足基本生活條件的金錢，而不論其收入、工作或財產的有無，只要是該國或地區的居民或組織的成員就可以。政府為每位公民提供固定的津貼，即為每一個國家的男人、女人、孩子提供一個規律性的、無條件的現金補助，而不是其他類型的補助，比如貧困家庭臨時援助（TANF）、美國補充營養協助計劃（SNAP）或者是醫療補助計劃（Medic aid）。目前，UBI被認為是人類勞動由人工智能取代後，人類仍然可以享受生產成果的最佳措施。

弗里德曼（1962）早在《資本主義與自由》一書中即闡述了「負所得稅」的思想，即政府利用負所得稅代替現存的福利體系，對超過一定收入水準的家庭徵稅，同時補貼低於特定收入水準的家庭。之後，這個提議逐漸發展成為全民基本收入政策。全民基本收入政策相比於其他福利政策的一個顯著優點是，不附帶任何條件限制，給全部居民提供固定數額的轉移支付，居民可以根據他們的需要來支配這筆支付。自動化會使社會作為一個整體創造巨大的財富和價值，而全民基本收入政策則可以保證每個人可以達到合適的生活標準，即使這不是通過就業得到。全民基本收入的具體

數額設定通常比較適中，可以設定在貧困線上或是低於貧困線。

美國矽谷於 2017 年 9 月 22 日正式開始「全民基本收入」實驗，Y Combinator 公司在這項試驗中從美國的兩個州隨機挑選出 3,000 人，向其中 1,000 人發放每月 1,000 美元的基本收入，而另一組人每月僅能獲得 50 美元，作為參與試驗的酬勞，以此研究普遍基本收入對人們的影響。除矽谷之外，對 UBI 的討論已遍及全球。在瑞士、芬蘭、法國、荷蘭、加拿大等國家，UBI 已開始付諸實驗，或被引為競選綱領，甚至有望成為國家政策。

雖然各種 UBI 構想存在差別，但是，右派的 Charles Murray（2006）和左派的 Andy Stern 和 Lee Kravitz（2016）提出的思路成為一些技術專家未來政策視野的主要部分（Rhodes、Krisiloff 和 Altman 2016）。不同的提議有不同的動機，比如真實存在的、感知到的當今社會安全網絡的缺陷，對更簡單卻更高效系統的信賴，都是出於人工智能對勞動就業帶來影響而對社會福利政策變革的探索。

目前，關於全民基本收入的政策仍有很多爭議。支持這一政策的人認為，該政策的實施可以保持較高的消費水準，降低失業率，改善貧困和極端不平等現象，還可以提高商業活力（Virgillito, 2017）。另外，除了解決由自動化導致的失業問題，全民基本收入政策也可以進一步實現性別平等，改善工作與生活之間的平衡，提升工作質量，以及讓人們尤其是年輕人更好地面對日益嚴峻的社會中的不穩定因素。Akee 等（2015）、Painter（2016）等還指出，全民基本收入政策還會有助於改善受助人的身心健康。同時，全民基本收入政策也會帶來很多問題，例如政府如何承擔這樣大量的年度支出，這項政策能否保證居民的基本需要，現有的福利政策和這項政策如何協調，等等。有報告顯示，全民基本收入政策很難完整地實施，因為其成本過於巨大，且失業人員會有很多，所以該方案的實施還需仔細斟酌。全民基本收入政策的另一個主要缺點是，它會鼓勵受助人離開就業市場或者繼續保持失業，這會進一步帶來應稅收入的減少，全民基本收入項目資金的來源也會受到損失。因此，迄今為止還未有全國層面實施的全民基本收入政策。未來，在芬蘭、挪威進行的全民基本收入政策試驗將會提供更多實施效果方面的證據。

（3）普遍基本股利（Universal Basic Dividend，UBD）

普遍基本股利政策通過將企業的新股發行的固定份額部分置於公共信託中，使之產生一個能持續分配到社會服務部的收入流。

4. 對機器人徵稅

無論是加強中低技能勞動力的培訓，還是實行全民基本收入政策，都需要巨大的投資。在當前的稅收體系下，由於美國政府的收入大部分來自工人，自動化技術的進步會大幅降低稅收收入，這將會使得上述兩項政策的實行存在一定困難，因此，Abbott 和 Bogen Schneider（2017）提出了對機器人進行徵稅的方法。他們認為，機器人和工人勞動力的稅收之間應該是「中立的」，自動化應與工人勞動一樣被徵稅，而且不應對自動化有所減免。機器資本的成本在逐漸降低，從而機器資本在生產中對勞動力進行了替代，這是自動化或者人工智能影響就業和工資的主要渠道。通過對機器人徵稅，將會降低自動化的採納，給予勞動者時間去適應其他職業。這部分收入也可以用來補貼勞動者，作為勞動力培訓和實行全民基本收入的資金來源。

對機器人徵稅的方法已經得到了很多理論研究的支持。Guerreiro 等（2017）通過理論模型研究發現，在美國現有的稅收體系下，自動化成本的下降會引起收入不平等的大幅上升，通過對機器人徵稅，並一次性退稅，保證工人得到最低收入，可防止自動化帶來的收入不平等，並且，對機器人徵稅只在未充分自動化的條件下有效。Gasteiger 和 Prettner（2017）通過 OLG 模型分析了對機器人徵稅的效果，結論同樣支持對機器人徵稅的觀點。模型假設對機器人創造的收入徵稅，並將其重新分配給未擁有資產的工人，研究發現，可以提高穩態下的人均資本和人均產出。該項研究進一步指出，對機器人徵稅只有同時在很多國家實行才比較可行，否則機器人資本會轉移到未徵機器人稅的國家。需要注意的是，對機器人徵稅並不是在任何情況下都是一個最優選擇。例如，Ahmed（2017）則指出對機器人徵稅可能會減少社會福利。由於機器人納稅會抑制機器人領域的技術創新，在對機器人徵高額稅收時，帶來的生產力水準的損失可能比徵收的稅收更多。Guerreiro 等（2017）也指出，當經濟實現充分自動化後，不適宜對機器人徵稅。因為經濟在實現充分自動化後，工人將不必再工作，這時對機器人徵稅既扭曲生產決策，又不能降低收入不平等。

5. 國際合作政策

國際合作為世界可持續發展發揮了關鍵作用，在新技術時代，國際合作至少包括三個方面：解決新技術的跨境問題、分享和學習國家經驗、支持弱勢國家。

在學術研究方面，大量實證研究將美國和歐洲等發達國家和地區作為研究對象，但對於技術對低收入國家的影響卻很少有相關研究。因此，需要鼓勵學者研究技術革命對發展中國家特別是最不發達國家的勞動力市場

和收入差距的影響。而且，在世界範圍內，關於技術和勞動力市場之間聯繫的研究不僅需要解決對就業的破壞問題，而且還要解決創造就業的問題以及公共政策如何有效地塑造這些過程。例如，政策需要考慮到企業如何採用新的和先進的技術來取代或補充其勞動力隊伍，以及這些決定對各種技能水準的勞動力需求可能產生的後果。這些研究成果應該在國際上進行分享和討論，因為對特定國家或地區的研究對其他國家而言也是非常有意義的。

在技術層面，一方面要在國際交流的基礎上提高技術合作水準，另一方面要為發展中國家在基礎設施方面提供支持，確保其能夠依託新技術參與全球市場。

增進各國在數據市場的交流，最大程度地發揮數據經濟的潛力，同時在法律上積極保護信息所有權和其他相關權利。在很多情況下，即使經濟活動沒有轉移，與新技術相關的利潤也很容易被轉移到國外。這有助於企業減少稅務負擔，但也潛在地減少了可用於再分配的公共資源。增進各國在知識產權方面的合作交流，積極發揮國際知識產權組織的作用，提供足夠大的商業激勵，使私人能通過各方面的補貼和公共採購將研究成本合理化，同時限制壟斷的產生、擴散和進一步發展。

6. 加強對人工智能技術進步對勞動就業影響的理論與實證研究

2017 年可以稱之為「人工智能元年」。2017 年 8 月 23 日，劉延東副總理在世界機器人大會開幕式上指出：「機器人作為引領世界未來的顛覆性技術，正在創造新產業新業態，推動社會生產和消費向智能化轉變，進而深刻改變人類社會生活、改變世界。中國政府重視和推動機器人技術、產品、業態和模式創新，推動機器人深度融入生產生活。」2017 年國務院發布的《新一代人工智能發展規劃》部署了人工智能產業。在智能教育的發展方面，強調利用智能技術加快推動人才培養模式、教學方法改革，構建包含智能學習、交互式學習的新型教育體系。開展智能校園建設，推動人工智能在教學、管理、資源建設等方面的全流程應用。共產黨的十九大報告提出要「加快建設製造強國，加快發展先進製造業，推動互聯網、大數據、人工智能和實體經濟深度融合」。《2017 中國勞動力市場發展報告》特別指出以人工智能為核心的第四次工業革命再次引燃人才戰爭，未來製造強國的競爭是人才的競爭，競爭的是技術無法替代的人才，競爭的是具備科學、技術、工程和數學知識的各類人才，競爭的是有數位技能的專業人才 。隨著互聯網、人工智能、大數據等技術的快速發展以及認知學習理論的不斷完善，機器人在教育與勞動力市場領域的應用也表現出無可比擬的價值和影響力。

對人工智能、教育與勞動力市場的研究也成為時代賦予的使命。

2017年12月23日，北京師範大學勞動力市場研究中心主辦、北京師範大學經濟與工商管理學院教育機器人產業發展研究中心和智童時刻（廈門）科技有限公司共同協辦的「人工智能、教育與勞動力市場：機遇與挑戰」研討會在京舉行，會上同時發布了兩個報告：《全球教育機器人產業發展報告》和《人工智能與勞動力市場變革：機遇與挑戰》，探討了人工智能對中國勞動力市場變革帶來的機遇和挑戰。

中國發展研究基金會與紅杉資本中國基金聯合發布了《投資人力資本，擁抱人工智能：中國未來就業的挑戰與應對》報告，該報告提出，人工智能的發展，將極大地推動知識經濟的形成，這為進一步解放生產力提供了重大機遇，但也會帶來經濟和社會層面的深刻挑戰。這是國內首次發布的專注於人工智能對中國未來就業市場的影響及應對策略的系統性政策研究報告。報告認為，人工智能所推動的知識經濟將在基礎資源結構、成本結構、市場結構、經濟結構、就業結構、分配結構和貿易結構上有別於傳統經濟。隨著社會的老齡化和生育率低下，數量意義上的人口紅利消失是未來中國經濟社會發展的重要威脅。人工智能於此時興起，有助於解決中國在一些行業，特別是中高端服務業中存在的供給瓶頸，對於緩解未來勞動力市場的短缺具有關鍵意義。此外，中國應該做好充分準備，妥善應對勞動力市場以及社會公平的挑戰。投資人力資本是應對人工智能時代就業挑戰的重大舉措。

阿里研究院和中國發展研究基金會在2018年9月8日聯合發布了《人工智能在電子商務行業的應用和對就業影響研究報告》，針對人工智能在電子商務行業應用及對就業的影響，阿里研究院課題組以阿里巴巴平臺（天貓、淘寶商家）為研究對象，採用商家調研數據、商家焦點訪談方式開展國內首次大規模實證分析研究。通過人工智能工具的使用，對電商就業、人員收入、經營績效等指標進行測算，針對電商行業三類典型人工智能產品應用（智能客服、智能化店面設計、智能化數據分析工具），瞭解人工智能使用對不同崗位、不同技術水準人員的就業影響。

中國人民大學勞動人事學院王非助理教授在「人大-羅格斯全球雇傭與工作研究中心」第三屆國際研討會上以「人工智能的就業效應：來自線上銷售行業的證據」為題，探討了人工智能技術的應用，以及其如何、是否對線上銷售從業人員的就業規模和就業狀況產生影響。

總之，目前，中國各政府政策研究機構、政府智囊機構、高校、企業、民營研究機構等都將「人工智能對勞動就業的影響」作為一個當前和今後

很長一段時間研究的重點方向，已經形成並發布了引起社會很大反響的一系列研究成果，這為深入研究這一重大理論與現實問題開創了一個非常良好的局面。但由於人工智能技術在快速迭代，其應用在逐步擴大，許多問題還有待進一步深入研究。

8.2.3 立法規範招聘網站或網站面向就業、崗位設置、入職條件、職位描述等的算法歧視

人工智能演算法並非絕對客觀。演算法本質上是一種數學表達，是很客觀的，不像人類那樣具有各種情緒和偏見，容易受外部因素的影響，因而絕對不會產生歧視。然而，這種觀點卻備受質疑。正如凱文‧凱利（Kevin Kelly）在其著作《失控》中所指出的，「人們在把自然邏輯輸入機器的同時，也將技術邏輯帶到了生命之中，機器人、計算機程式等人工製造物也越來越具有生命屬性」。而作為大數據處理的計算程序和人類思維的一種物化形式和人腦外延的智能演算法，也正「失控性」地呈現出其劣根性——歧視。智能演算法本質上是「以數學形式或計算機代碼表達的意見」。演算法並非完全客觀的，其中可能暗藏歧視。智能演算法的設計目的、數據運用、結果表徵等都是開發者見設計者的主觀價值選擇，他們可能會把自己持有的偏嵌入智能演算法之中。而智能演算法又可能會把這種歧視傾向進一步放大或者固化，從而造成「自我實現的歧視性反饋循環」。

2015年的一項研究發現，谷歌的廣告算法展示給女性用戶的招聘職位要比給男性展示的待遇低。類似地，ProPublica的一項調查顯示，美國執法機構使用的算法錯誤地預測，黑人被告比擁有類似犯罪記錄的白人被告更有可能再次犯罪。這種偏見甚至可能會被嵌入到神經裝置中。人工智能可能已經開始出現了種族和性別偏見，但這種偏見並非來自機器本身，而是計算機在學習人類語言時吸收了人類文化中根深蒂固的觀念，從而出現了種族和性別偏見。

鑒於智能演算法日益決定著各種決策的結果，人們需要建構技術公平規範體系，通過程式設計來保障公平的實現，並借助於技術程序的正當性來強化智能決策系統的透明性、可審查性和可解釋性。演算法歧視問題必須得到重視，需要保證其公平性、透明性和可責性。要實現這幾點，必須從技術和制度兩個方面切入。一是在技術上，如微軟程式設計師Adam Kalai與波士頓大學的科學家合作研究一種名為「詞向量」的技術，目的是瓦解演算法中存在的性別歧視，對該技術訓練計算機挖掘詞語之間的關聯進行語言處理，

使 AI 能通過比較單詞「她」和「他」來瞭解上下文的語境。該技術訓練計算機忽略單詞間的某些特定的關聯，同時保留它們需要的關鍵資訊，旨在減少單詞匹配中包含的性格偏見，保留詞向量中的有用特徵。比如消除「前臺」和「女性」之間的聯繫，而保留一些正確的匹配。二是在制度上，設置可以通過訴訟、審查等程序來修正演算法中涉及不公平的行為和事件的程式。

總之，可設置相應的研究與機構來預判和規範人工智能涉及的經濟和勞動就業方面的倫理問題。如白宮 AI 報告將「理解並解決人工智能的道德、法律和社會影響」列入國家人工智能戰略，並建議從業者接受倫理培訓。英國下議院科學技術委員會計劃成立專門研究 AI 對社會、法律和倫理的影響的人工智能委員會。對於演算法，最好提前構建技術公平規則，在設計環節就注重公開可責等特性。人工智能下的勞動就業公平、公正、公開的實現，不僅僅依靠技術人員，還需要相關的制度和監管。

8.2.4 重新定義人工智能時代的職業與工作倫理

每個人都有實現自我價值的需要，從而相信自身的存在是有意義的。然而，工業革命灌輸了一種錯誤的社會規範思想，即自我價值主要源自傳統職業倫理——如果你努力工作，就會得到報酬。但是隨著人工智能的發展，不斷從事重複性工作的職業在未來將會完全消失。

因此，我們就需要根據新的工作模式重新定義職業倫理。一份工作的重要性不應該僅僅取決於這份工作的經濟價值，還取決於其創造的社會價值。長期以來，我們都認為工作時間越長，成功的機率就越大。我們應該摒除這種觀點，並摒棄對服務行業的歧視態度。

8.2.5 人才教育和職業培訓的政策建議

中國已經處在人工智能大變革的前夜，如何提前讓整個中國社會，尤其是人才培育體系做好充分準備，讓教育和職業培訓模式，以及勞動力結構適應人工智能即將帶來的各種挑戰和變化，將是中國面臨的一個重大課題。

1. 教育目標更加突出人的發展需要

標準變化的否定之否定。相比農業時代勞動的非標準化，工業時代最大的革命性變化是勞動的標準化。人工智能時代又不同於工業化時代，它

使個人有價值的勞動重新聚焦於非標準化的過程。人工智能時代稀缺的是勞動者真正的個性化,這也是人類勞動的特殊價值。因此,人工智能時代的勞動教育必須突出人的發展需要,其終極目標絕不僅僅在於滿足生存、生活需要,還要著眼於為青少年終身發展和人生幸福奠定基礎,使其逐漸成為人格健全、品行良好以及精神幸福的人。

要懂得勞動的目的。人工智能時代,人與智能機器最大的差別和競爭力不在於勞動能力的差異,而是人對勞動的綜合感悟和對世界的想像力;是人的思考、創造、溝通、情感交流;是人與人的歸屬感和協作精神;是好奇、熱情、志同道合的驅動力。因此,面向人工智能時代的勞動教育不僅僅是傳授勞動知識和勞動技能,培養學生的動手能力、勞動習慣等,更加重要的是對學生勞動價值觀念的引導,促進學生知識、技能、情感態度的全面發展,引導學生形成良好的思想道德品質,養成健全的人格。要更關注生活、生存、生命教育,更注重培養學生在人工智能時代成長發展的品行和能力,例如合作精神、創新能力、社會責任感和公民意識等,為他們成為未來社會的合格公民打下良好的基礎。

要理解勞動的價值。人工智能在部分勞動能力方面已經遠遠地把人類拋在後面,但它們不懂什麼是感情和意義,比如智能機器人 AlphaGo 在贏得了比賽後無法像人一樣體會到成功的喜悅。蘇聯教育家馬卡連柯曾指出,「勞動永遠是人類生活的基礎,是創造人類文化幸福的基礎」。人工智能時代的勞動教育更加強調「勞動創造價值」,教育學生通過自己的雙手改變生活,改變世界,進而精神愉悅,深刻認識勞動創造的價值。要通過勞動培養學生不俗的情趣和超脫的意志,使學生在收穫勞動成果的同時,不斷豐富創造生活的美感與精神的愉悅,發揮聰明才智展現出勞動創造欲、徵服感與成就感,從而「肯定自己」「感到幸福」。

2. 教育內容更加注重創新性

創新才能永不落後。《人工智能時代的未來職業報告》研究發現:如果人可以在 5 秒鐘以內對工作中需要思考和決策的問題做出相應決定,這項工作就有非常大的可能被人工智能技術全部或部分取代。未來大量的重複性、機械性、簡單性、危險性的勞動將被人工智能替代,很多服務工作、流程工作和中層管理環節將消失,人工智能社會需要更多新的、深度的、創意性的人才出現。

創意是稀缺資源。面對人工智能時代對勞動者職業技能的新要求,勞動教育不僅要培養學生的勞動能力,更要培養學生自主適應時代變化要求的勞動觀念。一是幫助學生認知人工智能時代的職業特點或職業規劃與人

工智能的關係，引導學生積極運用人工智能提升勞動價值，如成為人工智能的調配管理者、創意設計師，或運用人工智能完成任務的高端策劃師等。二是培養學生的擇業技能，幫助學生更好地選擇自己未來的職業，並盡早開始相應的知識學習和技能訓練，以適應極速變化的智能社會。三是幫助學生訓練未來職場上的各種能力，例如創造和創新能力、批判性思維和解決問題的能力、人際溝通和與人合作的能力。這些技能的養成都需要勞動教育的介入來生成和培養。因此，需要勞動教育不斷豐富教育內容，圍繞未來智能社會所需要的職業技能改進教學方式，以完善學生的技能儲備，有利於學生的未來職業發展。

創造是基本要求。按照智能社會的分工，機器人會迅速占領勞動標準化領域，人類要做和機器人不一樣的事，創造性勞動將占主導地位。為了適應這一發展趨勢，勞動教育內容要以技術應用和技術創新為核心，更多地與 STEM 教育、創客教育和創新教育的最新發展相融合，根據不同階段學生的接受能力來設計勞動教育的梯度結構，逐步增加勞動課程中的技術含量，注重幫助每個學生培養符合個性特徵和未來發展需要的技術素養，培養學生的創新意識、創新精神和創新能力，為創新人才的成長奠定基礎。例如，依託高校創新創業學院和人工智能學院，健全創新創業教育課程體系，加強創新創業實踐基地建設；通過物理實驗、業餘無線電、人工智能技術的植入帶動勞動教育的創新發展，訓練學生的動手能力、探究能力、合作能力及運用智能工具的能力，增強學生的想像力和創造力。

3. 教育過程更加強化整體性

不斷凸顯勞動育人的重要性。黨的十九大提出「建設知識型、技能型、創新性勞動者大軍，弘揚勞模精神和工匠精神，營造勞動光榮的社會風尚和精益求精的敬業風氣」，賦予教育現代化新的使命和任務。勞動教育是中小學素質教育的重要組成部分，不僅要注重教育引導學生熱愛勞動、熱愛創造、養成自覺勞動的生活習慣，共同營造勞動光榮的社會風尚，也要積極面對人工智能時代的挑戰，改革並創新傳統勞動教育模式，不斷完善教育目標、教育內容、實施方案、評價體系，才能擔負起培育未來新型勞動者的歷史重任。

不斷強化課程設計的系統性。一是以問題驅動的項目式課程為依託，促進勞動教育與其他學科課程的聚合，注重運用語文、數學、地理、歷史、物理、生物、化學、資訊等學科中的勞動教育元素，與德育、智育、體育、美育有機統整、融合，促進學生的全面發展。二是以技術支撐下的翻轉式課程為依託，將人工智能、物聯網、大數據處理等內容嵌入課程，提高學

生人機協作、人人協作的能力,提升學生的人工智能商數（AIQ）。三是以自主建構的個性化課程為依託,根據不同年齡學生的生理、心理和社會性特徵,從實際出發、因地制宜地設計多元化課程,充分利用人工智能技術推動勞動課程學習範式的改變,為每個學生提供個性化、定制化的學習內容、方法,激發學生深層次的學習興趣。

不斷完善教育過程的協同性。勞動教育從原來的「為了獲得勞動技能的教育」轉變為「通過勞動而獲得教育」,即從知識的獲得到回歸教育本源,在勞動實踐中塑造人格、運用知識,進行創新、創造。一是在家庭中鼓勵學生積極開展勞動工具的改進創造,不斷提高家庭勞動工具的智能化水準。二是構建家校社勞動教育平臺,促進勞動教育向生活滲透,向社區延伸,與家庭互動,使學生在勞動中建立與真實世界的聯繫,促進與他人之間的交往,完善對自我的認知,形成多方位的勞動教育合力。三是不斷整合勞動教育資源,開展人工智能企業參觀、人工智能工程師進校園、信息技術職業學校的優質課程共享等活動,充分發揮社會力量參與勞動教育的積極作用。在社區周邊的種養殖場、工廠、商場、社區服務中心等運用人工智能技術較多的勞動基地,為學生創造良好的、多樣的勞動場所。

結論與展望

　　人工智能的快速發展引發世界經濟社會發生深刻變革。人工智能熱潮的到來引發大量文獻研究人工智能對經濟增長、勞動力就業和收入不平等的影響。本研究基於人工智能的內涵和技術與產業發展，就人工智能的經濟社會影響進行較為系統的梳理和回顧，著重分析人工智能對生產率和經濟增長的促進作用、人工智能對勞動力就業總量與結構的影響效果，以及人工智能是否會引發收入不平等加劇等問題。在此基礎上進一步歸納如何應用公共政策減緩人工智能對就業結構、收入不平等方面可能帶來的負面影響。最後系統分析美國和英國等主流發達國家的戰略方向和國際人工智能產業的發展趨勢，並為中國人工智能時代實現「經濟增長-充分就業-收入增長-社會總福利提升」多目標共生提供前瞻性提示。

　　目前，關於人工智能對經濟影響的研究已經取得了很多成果，但是也可以發現，在人工智能的影響路徑和機制、數據、研究對象等方面存在如下問題：

1. 人工智能的影響機制複雜，難以被全面引入理論模型

　　很多人工智能的研究成果或研究學者運用新古典經濟增長模型或者基於任務的方法，這類模型的一個普遍問題是，如何引入人工智能的影響。目前，大多數模型都將自動化或機器人視為可以補充或者替代勞動力的資本來引入模型進行分析。而實際中，人工智能的作用和對經濟的影響路徑要複雜得多，人工智能本身不僅是一種資本，還會影響其他資本的投入，未來也可能成為一項新的生產要素。因此，探究人工智能影響經濟的路徑還需要更深入地理解其機理和發展，探索如何將人工智能引入理論模型將是未來研究的一個重要方向。

2. 數據可獲得性有待加強

儘管在前面的研究中對人工智能的經濟影響給予了廣泛關注，可是由於人工智能的內涵比較廣泛，現有的實證研究大多使用人工智能的某一分支，如利用工業機器人來研究其對經濟增長和勞動力市場的影響。而且，目前很多國家的人工智能仍處於初級階段，統計數據稀缺。另外，人工智能對經濟的影響評估通常依賴於如何測量人工智能資本的統計數據，而測量人工智能資本的主要難點在於大部分人工智能資本是無形的。一些行業或者企業可能更多地使用演算法或者數據而不是機器人，而且人工智能也將被用作其他資本的投入，包括新類型的軟體、人力和組織資本等。這些資本大部分也是無形資產，這又加大了衡量人工智能效果的難度。因此，現有的文獻中的定量研究還比較有限且單一，未來需要利用更多國家和行業的實證數據展開研究，以填補理論研究和實證計量之間的缺口。

3. 中國對人工智能對勞動就業的影響研究剛剛起步

中國是世界上最大的發展中國家，同時也是目前世界上人工智能技術與產業發展最快、規模最大、應用最廣泛的國家。目前，中國老齡化程度正在不斷加劇，人口紅利逐漸消失，製造業面臨轉型和升級。因此，中國政府將人工智能視為經濟發展的新引擎，研究中國的人工智能對經濟的影響將是不可缺少的部分。此外，中國的社會保障體系相比於歐美等發達國家還不夠完善，面對人工智能可能引發的失業和收入不平等加劇等問題，更加需要積極有效地應對，從而減緩人工智能對社會發展的負面作用。

由北京師範大學勞動力市場中心發布的《2017 中國勞動力市場報告》、於 2017 年 12 月 23 日在北京召開的「人工智能、教育與勞動力市場：機遇與挑戰」研討會上發布的《全球教育機器人產業發展報告》《人工智能與勞動力市場變革：機遇與挑戰》、中國發展研究基金會與紅杉資本中國基金聯合發布的《投資人力資本，擁抱人工智能：中國未來就業的挑戰與應對》報告、阿里研究院和中國發展研究基金會在 2018 年 9 月 8 日聯合發布的《人工智能在電子商務行業的應用和對就業影響研究報告》等，都不約而同地提出人工智能的發展將極大地推動知識經濟的形成，這為進一步解放生產力帶來了重大機遇，但也會帶來經濟和社會層面的深刻挑戰。這是國內首次發布的專注於人工智能對中國未來就業市場影響及應對策略的系統性政策研究報告。報告認為，人工智能所推動的知識經濟將在基礎資源結構、成本結構、市場結構、經濟結構、就業結構分配結構和貿易結構上有別於傳統經濟。隨著社會的老齡化加劇和生育率降低，數量意義上的人口紅利消失是未來中國經濟社會發展的重要威脅。人工智能於此時興起，有助於

解決中國在一些行業，特別是中高端服務業中存在的供給瓶頸，對於緩解未來勞動力市場的短缺具有關鍵意義。此外，中國應該做好充分準備，妥善應對勞動力市場以及社會公平的挑戰。投資人力資本是應對人工智能時代就業挑戰的重大舉措。

綜上所述，人工智能的發展可能會對中國的經濟和勞動力市場形成巨大衝擊，其影響效果有待進一步探索，值得眾多學者高度關注。總而言之，探索人工智能對經濟的影響是一個很重要的話題。同時，我們需要意識到，現在人工智能技術仍處在發展和早期擴散階段，對於未來經濟增長、就業規模和結構效應以及收入不平等的影響具有很大的不確定性。我們期待將來有更多的學者加強有關人工智能對經濟影響的研究，探討如何制定最優的政策來緩解新技術變革引發的巨大衝擊，確保社會總體享受人工智能帶來的福利，以及幫助人們正確應對人工智能帶來的機遇和風險。正如習近平於2018年7月25日在金磚國家工商論壇上的講話中指出的：「我們要妥善化解資訊化、自動化、智能化對傳統產業的衝擊，在培育新產業的過程中創造新的就業機會。」

參考文獻

［1］高鐵梅．計量經濟分析方法與建模［M］．2版．北京：清華大學出版社，2016．

［2］潘光軍．中國就業問題的宏觀經濟研究［M］．北京：中國財政經濟出版社，2006．

［3］彭緒庶，齊建國．對美國技術進步與就業關係的研究［J］．數量經濟技術經濟研究，2002．

［4］張浩．技術進步對中國就業總量和就業結構影響的實證分析［D］．天津：天津財經大學，2014．

［5］畢先萍，趙堅毅．技術進步對中國就業總量及結構的影響［J］．統計與決策，2007（10）：71-72．

［6］余源源．中國技術進步的就業效應：基於VAR模型的實證分析［J］．軟科學，2008（6）．

［7］陳曉玲，連玉君．資本-勞動替代彈性與地區經濟增長——德拉格蘭德維爾假說的檢驗［J］．經濟學（季刊），2013，12（1）：93-118．

［8］張明海．增長和要素替代彈性——中國經濟增長1978—1999年的實證研究［J］．學術月刊，2002（8）：792-801．

［9］程毛林．CES生產函數模型的修正及實證分析［J］．工程數學學報，2013（4）：535-543．

［10］韓寶亮，王巍然，丁樂群．對CES生產函數的擴展應用［J］．數量經濟技術經濟研究，1997（8）：52-55．

［11］鄭猛．有偏技術進步下要素替代增長效應研究［J］．數量經濟技術經濟研究，2016（11）：94-110．

[12] 趙忠, 孫文凱, 葛鵬. 人工智能等自動化偏向型技術進步對中國就業的影響 [J]. 中國人民大學政策簡報, 2018 (3).

[13] 曹靜, 周亞林. 人工智能對經濟的影響研究進展 [J]. 經濟學動態, 2018 (1): 103-115.

[14] 王君等. 人工智能等新技術進步影響就業的機理與對策 [J]. 宏觀經濟研究, 2017 (10).

[15] 馬克·珀迪, 邱靜, 陳笑冰. 人工智能: 助力中國經濟增長 [J]. 機器人產業, 2017 (4): 80-91.

[16] 傑瑞·卡普蘭. 人工智能時代 [M]. 杭州: 浙江人民出版社, 2016.

[17] 馬嵐. 中國會出現機器人對人工的規模替代嗎?——基於日韓經驗的實證研究 [J]. 世界經濟研究, 2015 (10): 71-79.

[18] 寧兆碩. 中國人工智能產業發展分析及對策研究 [J]. 山東行政學院學報, 2018 (1): 69-75.

[19] 羅伯特·戈登. 人工智能會製造大規模失業嗎? [J]. 中國經濟報告. 2018 (2): 77-78.

[20] 涂永前. 人工智能、就業與中國勞動政策法制的變革 [J]. 河南財經政法大學學報, 2018 (1): 1-11.

[21] 陳永偉. 做好公共政策預案, 應對人工智能衝擊觀察與思考 [J]. 群言, 2018 (4): 34-36.

[22] 陳永偉. 人工智能與經濟學: 關於近期文獻的一個綜述 [EB/OL] (2018-03-21). http://jer.whu.edu.cn/jjgc/18/2018-03-21/4557.html.

[23] 阿里研究院. 人工智能在電子商務行業的應用和對就業影響研究報告 [R]. 北京: 中國發展研究基金會, 2018.

[24] GOOS M, MANNING A, SALOMONS A. Explaining job polarization: Routin biased technological change and offshoring [J]. American Economic Review, 2014, 8 (104).

[25] THOMAS M K. Therise of technology and its influence on labor market outcomes [J]. Gettysburg Economic Review, 2017, 10 (1): 3-27.

[26] MOOR J. The dartmouth college artificial intelligence conference: the next fifty years [J]. Ai Magazine, 2006, 27 (4): 87-91.

[27] VIRGILLITO M E. Rise of the robots: technology and the threat of a

jobless future [J]. Labor History, 2017, 58 (2): 240-242.

[28] HOEDEMAKERS L. The changing nature of employment: how technological progress and robotics shape the future of work [D]. Lund: Lund University Master Thesis, 2017.

國家圖書館出版品預行編目（CIP）資料

人工智慧技術進步對勞動就業的影響研究 / 沈紅兵 著. -- 第一版.
-- 臺北市：財經錢線文化, 2019.10
　　面；　公分
POD版

ISBN 978-957-680-367-3(平裝)

1.勞工就業 2.人工智慧 3.中國大陸研究

542.792　　　　　　　　　　　　　　　　　　108016509

書　　名：人工智慧技術進步對勞動就業的影響研究
作　　者：沈紅兵 著
發 行 人：黃振庭
出 版 者：財經錢線文化事業有限公司
發 行 者：財經錢線文化事業有限公司
E - m a i l：sonbookservice@gmail.com
粉 絲 頁：　　　　　　網　址：
地　　址：台北市中正區重慶南路一段六十一號八樓 815 室
8F.-815, No.61, Sec. 1, Chongqing S. Rd., Zhongzheng
Dist., Taipei City 100, Taiwan (R.O.C.)
電　　話：(02)2370-3310　傳　真：(02) 2370-3210
總 經 銷：紅螞蟻圖書有限公司
地　　址：台北市內湖區舊宗路二段 121 巷 19 號
電　　話：02-2795-3656　傳真：02-2795-4100　網址：
印　　刷：京峯彩色印刷有限公司（京峰數位）
　本書版權為西南財經出版社所有授權崧博出版事業股份有限公司獨家發行電子
　書及繁體書繁體字版。若有其他相關權利及授權需求請與本公司聯繫。
定　　價：300元
發行日期：2019 年 10 月第一版
◎ 本書以 POD 印製發行